최저임금 말고

기본
소득

최저임금 말고 기본소득

성덕량 지음

한국학술정보

머리말

2011년 8월 24일, 서울시에서는 무상급식 조례안을 둘러싸고, 서울시민의 의사를 묻는 투표가 진행되었다. 이 투표는 선별적 복지냐 보편적 복지냐를 놓고 벌어진 정책 투표의 성격이 강하지만, 서울시장이 본인의 신임 여부를 묻는 성격의 투표이기도 해서 정치적 성격도 함께 갖는 투표였다. 이 투표 결과로 오세훈 전 서울시장이 사임하여 겉으로 보았을 때 서울시민이 보편적 복지에 힘을 더 실어준 것처럼 보이지만, 정말로 복지의 전면적 확대에 동조해서 그런 결과가 나온 것인지는 미지수이다.

그리고 2022년 대선을 앞둔 상황에서 유력한 대권 후보 중 한 명인 이재명 경기도 지사는 기본소득의 도입을 강력히 주장하는 상황이고, 재난지원금의 지급을 둘러싸고 선별 지급이냐 보편 지급이냐의 여부를 놓고 치열한 쟁론이 벌어지고 있으며, 이러한 상황은 다시 2021년에 다시 치르게 된 서울시장 선거에 영향을 미치고 있다. 약 10년 전과 비슷한 상황이 재연된 것이다.

나는 최저임금과 기본소득의 관계도 이와 비슷한 관점에서 바라볼 수 있다고 생각한다. 표면적으로 최저임금은 그 적용 대상이 근로를 제공한 자이고, 사회 전반으로 보았을 때 하층에 속하는 경우가 많으므로, 최저임금제의 강화는 이렇게 힘없는 자들에게만 베푸는 선별적인 것이고, 기본소득은 부자나 가난한 자와 관계없이 고루

주는 것이므로 보편적 복지와 큰 차이가 없는 것처럼 말이다.

그러나 현실은 보수적 성향을 지닌 사람들뿐만 아니라 본인의 정치적 성향이 진보라 믿는 사람들조차 최저임금은 근로의 대가로 받는 근로소득이므로 더 받을지 덜 받을지 협상의 여지가 있는 소득이지만, 기본소득은 근로의 대가 없이 그냥 얻는 소득, 즉, 불로소득이므로 그것을 받는 것에 거부감을 드러내는 경우가 많다.

진보를 표방하는 지식인이나 정치인에게 최저임금은 역린(逆鱗)의 역할을 해왔다. 이들 중 절대다수가 최저임금의 존재를 긍정하며, 그것의 인상을 끊임없이 주장하지만, 나는 최저임금의 인상을 주장하는 데에 두 부류의 군(群)이 있다고 본다. 첫째 부류는 정말 최저임금이 근로자의 권익을 보장하고, 잃어버린 땀 흘리는 사람의 참된 권리를 찾아주는 좋은 제도라 믿는 부류이다. 둘째 부류는 최저임금이 경제의 효율성이나 기타 사회 부조리를 만드는 데 일조하는 것은 알지만 정치적 계산으로 그것의 존치를 주장하는 부류이다. 두 번째 부류에는 진보를 표방하는 지식인이나 정치인들이 주로 포함된다고 본다.

이 책은 우리가 흔히 당연하다고 여기는 생각들을 여러 사회과학의 원리에 비추어 하나씩 살펴보고, 특히, "최저임금제는 과연 정당한 제도인가? 만약, 정당하지 않다면 그것을 없애고, 다른 대안을 찾을 수 있을까? 그 대안이 기본소득이라면 그 재원은 누가, 어떻게,

얼마만큼 부담할 것인가?" 등의 문제에 대해 논할 것이다. 이 과정에서 경제학적 논리가 전개될 수 있으나, 이 책을 보는 상당수가 경제학 등에 배경지식이 많이 없는 평범한 독자일 것으로 가정하고 되도록 표나 수식 없이 논의를 전개할 것이다. 또한, 책 내용과 관련하여 의문점이 있으신 분들은 「성덕량과 함께하는 잡학 연구소 (https://blog.naver.com/dukryang)」에 방문하셔서 저자에게 건설적 의견을 주시면 감사하겠다.

끝으로, 출간을 함께해주신 (주)한국학술정보 관계자분들과 편집에 신경 써주신 양동훈 선생님께 감사를 표하고, 하늘에 계신 나의 아버지 성원규, 지금도 못난 자식 때문에 고생하시는 어머니 정옥순, 동생인 성시윤, 성우준, 친동생이나 다름없는 송소영, 나의 못난 면을 오히려 좋게 봐주고 격려해준 소중한 벗인 박신초성, 이희동, 이진우 등 내가 여기에 있기까지 도움을 준 이들에게 지면을 빌려 감사의 마음을 전하고 싶다.

2021년 2월
저자 성덕량

목차

제2편 기본소득에 대한 논의

제1편

최저임금, 과연 무엇이 문제인가?

문재인 정부는 대통령 탄핵이라는 헌정사상 초유의 사태와 더불어 출범한 정부이다. 그에 따라 새롭게 출범한 정부가 내세운 구호는 적폐 청산과 민생구제, 이 두 가지로 대변된다. 소득주도성장론은 위의 두 가지 구호 중 민생구제 측면에서의 정책이라 볼 수 있다. 소득주도성장론의 핵심은 민간의 실제 '소득'을 증대시켜 민생 안정을 꾀하는 것이다.

　소득이 무엇인지를 정의하는 데는 여러 관점이 있을 수 있지만, 법적인 관점에서 소득에는, 크게 보면 근로소득과 사업소득이 있다. 근로소득이란 근로자가 고용계약에 의하여 '종속'적인 지위에서 근로를 제공하고, 그에 대한 반대급부로 받는 모든 금품을 말한다(소득세법 시행령 38 ①). 또한, 사업소득은 개인 또는 법인이 종속적이지 않고, 사업의 주체가 되어 그의 이름으로 행해진 모든 업무와 영업에 의하여 취득한 이득이라 할 수 있다. 물론, 경제적·실질적 의미에서 바라보면, 그것의 형식이나 방법 등과 관계없이 자산을 증가시키는 것이면 무엇이든 소득으로 정의할 수 있을 것이다. 그러나 '소득주도성장론'에서 말하는 소득은 법적인 의미에서의 소득, 그중에서도 근로소득에 중점이 맞추어져 있다.

그렇다면, 서민의 실제 소득은 어떻게 증가하는가? 당연히 서민의 근로소득과 사업소득의 증가로 그것이 가능해진다.[1] 소득주도성장론을 대표하는 내용 중의 하나는 최저임금 인상을 통한 민간의 소득 증가로 볼 수 있다. 이것은 근로소득과 사업소득 중에 근로소득에 더 중점을 둔 것인데, 다음 부분에서 이 최저임금 인상이 초래할 문제점에 대해 논하고자 한다.

제1장 최저임금 인상이 초래할 사회 · 경제적 문제점들

제1절 최저임금은 을끼리의 싸움을 부추긴다.

(1) 최저임금의 목적

최저임금법 제1조에 의하면 "근로자에 대하여 임금의 최저수준을 보장하여 근로자의 생활 안정과 노동력의 질적 향상을 꾀함으로써 국민경제의 건전한 발전에 이바지하게 함을 목적으로 한다." 또한, 제4조에 따르면, 최저임금 결정 시 생계비를 고려하라고 되어있다. 위 조문들을 분석하면, 최저임금의 목적은 ① 근로자의 기본적인 생활 수준의 보장과 그에 따른 ② 노동력의 질적 향상이라 볼 수 있다.

---

1) 소득세법상 소득에는 이자소득, 배당소득. 사업소득, 근로소득, 연금소득, 기타소득의 6가지 종합소득과 퇴직소득과 양도 소득으로 분류하고 있다. 그러나 서민이 이자소득이나 배당소득만으로 생계가 유지된다면 이미 서민이 아니며, 기타소득은 작가나 공연 예술가와 같은 특수한 직업군에 해당하므로 논외로 한다. 양도 소득은 주식이나 부동산 등의 양도로 인한 소득을 말하고, 퇴직소득은 퇴직이라는 조건으로 얻는 소득이므로, 이것도 일반적이고 지속적인 소득의 원천이라고 보기 어렵다. 정부의 '소득주도성장론'도 근로소득을 가정하고 만들어진 것이다.

(2) 최저임금은 모든 근로자를 보호하는가?

우리 사회에 갑·을 및 A·B 네 사람과 정부가 있다고 가정하자. 갑은 대기업과 건물주 등으로 대표되는 이 사회의 최상위층에 해당하는 사람이고, 을은 프랜차이즈 가게나 편의점 및 슈퍼 등을 운영하는 자영업자, A는 삼성전자나 현대자동차의 직원처럼 갑에게 고용된 근로자이고, B는 을에게 고용된 아르바이트생이다(공장과 같은 대규모 생산라인의 단기 근로자 등도 여기에 포함된다).

이제 최저임금이 시간당 7,530원에서 8,350원으로 인상되었다고 가정해보자(2019년 기준). 이와 같은 조치로 각 계층에게 미칠 효과를 따져보기로 한다. 먼저 갑의 경우, 갑은 근로자인 A에게 급여를 주어야 하는 입장이지만, A가 기존에 받던 시간당 급여가 20,000원이라면 최저임금 인상으로 당장에 지급해야 할 임금액에 변동이 없다.[2] 왜냐하면, 최저임금이 보장하는 급여액은 말 그대로 '최저'이기 때문에, 기존에 시간당 급여가 높은 곳에서는 별 차이가 없을 확률이 크기 때문이다.

그렇다면, 우리 주변에 편의점을 하시는 철수 아저씨나 슈퍼를 운영하시는 미선 아줌마의 경우는 어떨까? 만약, 이들이 운영하는 가게가 영세하여 직원에게 최저임금액의 급여만 겨우 지급하고 있었다면, 당장 아르바이트생인 B에게 주어야 할 시간당 급여가 인상된 것이다. 물론, 급여를 받는 입장인 B의 경우는 시간당 급여가 올랐으므로 기뻐할지도 모르겠다. 하지만, 철수 아저씨나 미선 아줌마는 가게를 계속 운영한다는 전제하에, 대략 두 가지 결정을 해야 한다.

---

2) 물론. 최저임금 인상으로 인한 사회·경제 전반의 변화로 대기업이라 할지라도 그에 따른 영향을 받지 않을 수는 없을 것이나, 여기서는 논의의 단순화를 위해 거기까지는 일단 고려하지 않기로 한다.

첫째, 기존의 아르바이트생을 계속 고용하면서 높아진 시간당 임금만큼 그에 해당하는 시간당 일을 더 시키는 것이다. 하지만, 사정이 이와 같다면, 시간당 일이 원래 했던 일보다 양적으로나 질적으로 과중해지므로 최저임금제가 의도했던 목적인 '노동력의 질적 향상'은 요원해지게 된다. 둘째, B를 해고하고, 그 몫에 해당하는 일을 본인이나 그 가족이 하는 것이다. 첫째의 경우는 그나마 기존 고용주에게 고용이 지속되었기에 누릴 수 있었던 '혜택(?)'이지만, 둘째의 경우는 해고되었기 때문에 그마저도 누릴 수 없게 된다.

최저임금제를 거칠게 표현하면 다음과 같다. "우리 사회는 크게 정부와 고용주인 갑과 을, 마지막으로 피고용인인 A와 B가 살아가는 곳이다. 최저임금제가 적용되는 사회에서는 경제적 강자인 갑은 크게 영향이 없고, 그에 종속된 A 또한 큰 영향이 없으며, 상대적 약자인 고용주 을이 그보다 더 약자인 B에게 최저임금에 해당하는 급여를 주지 못하면 을에게 벌을 내리겠다."라는 것이다.

(3) 근로자의 최저생계는 누가 보장하는 것이 맞을까?

사정이 이와 같다면, 근로자의 최저생계는 누가 보장하는 것이 맞을까? 물론, 직접적으로는 근로자 본인이 지는 것이 맞다. 자신의 삶을 어떻게 다른 누가 책임져 줄 수 있을까? 그러나, 현대사회는 개인의 생존을 자연 상태로 방치하는 야만적인 사회가 아니다. 또한, 선천적으로 장애를 가지고 태어났거나 능력이 부족하거나 후천적인 사고로 근로를 할 수 없는 사람들이 있을 수 있다. 헌법 제10조는 "모든 국민은 인간으로서의 존엄과 가치를 가지며, 행복을 추구할 권리를 가진다. 국가는 개인이 가지는 불가침의 기본적 인권을 확인하고 이를 보장할 의무를 진다."라고 규정하여 포괄적 행복추구권의 근거가 되는 조문이다. 이 조문에 근거하여 개인의 기본적인 생활 수준의 보장이 헌법상 보장되는 기본권이라면, 근로자의 최저생계 또한 근로자 본인뿐만 아니라 국가를 넘어선 사회공동체가 공동으로 책임을 지는 것이 온당하다고 본다. 그리고 이것을 가능하게 하는 것은 후술할 세제 개혁과 그에 따른 기본소득의 보장으로 이루어질 수 있다고 생각한다.

제2절 최저임금상승은 최하층 근로자의 급여만 올릴까?

최저임금제의 시행을 긍정적으로 바라보는 쪽에서는 설령 최저임금제의 시행으로 임금의 상승이 있어서 사용자 측에 압박이 있다고 해도, 그것은 단기 아르바이트생이나 비정규직과 같은 근로자에게만 국한된 것이므로, 최저임금제의 시행은 중·장기적으로 보았을 때 사용자에게 크게 부담이 없고, 오히려 아르바이트생에게 최저임금도 지급 못 할 정도면 사업을 그만두어야 한다고 주장한다.

이 주장에 대해 우선 임금을 결정하는 요인들에 대해 논의할 필요가 있다. 애덤 스미스(Adam smith, 1723.6.5-1790.7.17) 이래로 임금을 결정하는 요인들에 대해 많은 논의가 있었으나, 간단히 다음 세 가지 측면만을 살펴보고자 한다.

① 그 직종이 호황인가 불황인가?
② 그 직업 또는 업무를 취득하거나 수행하는 데, 얼마나 큰 비용 또는 수고로움이 드는가?
③ 그 직업을 수행하는 데 얼마나 위험한가?

①을 기준으로 호황노동과 불황노동, ②를 기준으로 숙련 노동과 비숙련노동, ③을 기준으로 위험노동과 무위험 노동으로 나눌 수 있다. 만약, 한 IT 기술자가 높은 연봉을 받는다면, ① IT 업계가 호황이며, ② 그 IT 기술자가 다른 IT 기술자보다 더 숙련되었다고 생각해 볼 수 있다. 하지만, ③의 위험도를 고려하여 IT 기술자의 연봉을 추산하지 않을 확률이 높다. 또한, 한 근로자가 호황이고, 숙련되었으며, 위험한 일을 하더라도 이 세 가지가 임금에서 차지하는 비중은 크게 다를 수 있다. 예컨대, 원양어선을 탄 선원의 높은 급여에는 어업 자체가 호황이고, 그 선원이 숙련되어 있음을 고려할 수도 있겠지만, 생명 수당의 비중이 앞의 두 가지보다 압도적으로 높을 수 있는 것이다. 법에는 최저임금의 책정 시 생계비를 고려하라고 되어 있지만, 이 생계비는 '최저' 수준이기 때문에, 일반적으로 불황, 비숙련, 무위험에 종사하는 근로자를 기준으로 측정하게 된다.

깊이 있는 논의를 위해 변호사와 고시원 총무를 비교하여 설명을 진행하고자 한다. 변호사의 시간당 수임료와 고시원 총무의 시간당 급여 중 어느 쪽이 더 높을까? 일반적으로 전자는 숙련 노동으로, 후자는 비숙련노동으로 인식하므로, 대부분은 전자인 변호사의 시간당 급여가 더 높을 것이다. 변호사가 고시원 총무보다 시간당 급여가 높은 이유는 변호사를 취득하기 위한 비용이나 수고로움이 고시원 총무가 되기 위해 감수해야 하는 비용이나 수고로움보다 더 크고, 대중이 필요로 하는 법률 서비스의 수요보다 공급(변호사의 수)이 적기 때문이며, 변호사가 제공하는 법률 서비스의 부가가치가 고시원 총무가 제공하는 서비스의 부가가치보다 더 큰 것이 일반적이기 때문이다. 이제, 다소 극단적인 비유이긴 하지만, 최저임금 인상으로 고시원 총무의 시간당 급여가 변호사의 평균 시간당 급여와 같은 금액으로 인상되었다고 하자. 그렇다면, 그 고시원에서 공부하는 고시생은 과연 공부를 지속할까? 당장 고시 공부를 그만두고 고시원 카운터로 달려가서 총무에 지원할까? 그리하여 전국의 고시생이 공부를 그만두고 취업전선에 달려들까?

두 가지 상황을 상상해 볼 수 있다. 첫째, 변호사의 시간당 급여가 고시원 총무의 임금 인상분만큼 오르지 않을 경우이다. 그렇게 되면, 변호사는 위험한 소송을 맡으려 하지 않을 것이며, 미래의 변호사를 꿈꾸는 고시생들은 오랜 시간과 비싼 비용을 지불할 필요 없이 고시원 총무나 다른 간단한 일을 찾으려 할 것이다. 이러한 상황에서 최저임금은 비숙련노동을 숙련 노동과 동일하게 취급함으로써 숙련노동자의 근로 욕구를 저하함과 동시에 비숙련노동자의 발전 욕구를 저해한다고 할 수 있다. 이러한 사회는 사회주의 사회의 모습과 비슷하다.

둘째, 변호사의 임금도 고시원 총무가 인상된 급여만큼 오를 경우이다. 이 경우는 최저임금은 단순히 고시원 총무와 같은 단순노동자의 급여를 올리는 것뿐만 아니라 사회 전체의 급여를 올리는 방향으로 작용하게 된다. 이처럼 되는 이유를 한 회사를 예를 들어 설명하고자 한다.

회사의 직급 체계는 대개 비정규직(아르바이트 포함) → 인턴 → 사원 → 주임 → 대리 → 과장 → 차장 → 부장 → 이사 → 상무 → ······ → 회장 순으로 되어있다. 대개 최저시급이 적용되는 대상은 비정규직이나 아르바이트생이다. 이들의 시간당 급여가 상승하여 사원과 같아졌다고 해보자. 사원은 이러한 조치가 매우 부당하다고 생각하게 된다. 회사에는 엄연히 직급이 있고, 사원인 내가 입사한 기간이 아르바이트생보다 훨씬 더 긴데, 어떻게 한 달밖에 안 된 아르바이트생과 같은 급여를 받느냐며, 불만을 품게 될 것이고, 경영자로서는 그에 따른 사기 저하를 고려할 수밖에 없다. 따라서 장기적으로 보면, 일반 사원의 시간당 급여도 오르게 된다. 사원의 급여가 오르면, 같은 논리로 주임의 급여도 오르게 되어있고, 이것은 연쇄적으로 거슬러 올라가게 되어 전 직원의 급여 인상으로 작용할 수밖에 없다.

이와 같은 현상은 같은 회사 내에서뿐만 아니라, 사회 전반적인 임금상승 압박으로 작용한다. 호황 업종의 임금을 책정할 때, 불황 업종의 임금 수준을 기준으로 책정할 수밖에 없고, 같은 업종 내라면 숙련 근로자의 임금은 비숙련 근로자의 그것보다는 많아야 하며, 위험노동의 급여는 무위험을 기준으로 할 때보다는 많아야 한다. 그런데 최저임금의 결정 기준은 불황·비숙련·무위험이므로 최저임금의 인상은 호황·숙련·위험의 임금 결정의 기준치를 높이게 되어 사회 전반의 임금상승 압박이 존재하게 된다. 후술하겠지만, 이러한 사회 전반의 임금상승 압박은 다시 사회 전반의 물가상승 압박과 연계되는 동전의 양면과 같다.

제3절 최저임금상승은 물가상승 및 실업을 유발한다.

"최저임금의 인상이 기본적으로 물가를 상승시키는가?"에 대한 주제로 항상 격렬한 논쟁이 있었다. 이에 대한 나의 생각은 최저임금은 물가상승을 유발한다는 것이다. 이를 논증하기 위해 회계학적인 측면과 사회·경제학적 측면에서 설명하고자 한다.

(1) 회계학적 설명

경영자가 가격을 책정할 때의 일반적인 틀을 제시하기 위해 빵 공장을 예로 든다. 또한, 설명의 편의상 제빵업자가 판매도 동시에 한다고 가정한다. 즉, 빵 공장주인이 슈퍼마켓도 같이 운영하는 것이다. 다음은 빵 가격을 결정하기 위한 회계학적 수식이다.[3]

$$\text{가격} = \underbrace{(\text{직접재료비} + \text{직접노무비} + \text{제조간접비} + \text{판매 및 관리비[4]})}_{\text{원가}} \times \underbrace{(1 + \text{이윤율})}_{\text{이윤}}$$

① 직접재료비 : 밀가루, 베이킹파우더, 설탕, 우유, 계란과 같이 빵을 만드는 데 필요한 재료에 투입된 원가를 말한다.

② 직접노무비 : 공장에서 일하는 직원에 대한 급여를 말한다. 여기에는 직접 기계를 만지고, 나사를 조이고, 밀가루를 퍼다 나르는 노동자뿐만 아니라, 그들을 관리하는 감독자에 대한 급여도 여기에 포함된다.

③ 제조간접비 : 직접재료비와 직접노무비에 포함되지 않지만, 제품을 제조하는 데 필요한 기타 부대비용을 말한다. 그 예로, 공장의 식당 유지비, 공장 임대료, 임직원의 식대, 수도 광열비, 감가상각비 등을 들 수 있다.

④ 판매 및 관리비 : 제품을 완성한 후 판매하기까지 드는 비용으로 대표적인 예로, 매장의 임대료, 공장직원이 아닌 매장 직원(아르바이트생 포함)의 급여는 여기에 포함된다.

---

3) 실제 제품을 생산할 때, 위의 수식에 기재된 원가뿐만 아니라, 부가가치세, 관세와 같은 세금도 원가에 포함하지만, 여기서는 설명의 편의상 고려하지 않기로 한다.

4) 원가관리 회계에서는 판매 및 관리비를 제조원가가 아닌 당기 비용 항목으로 처리하지만, 실제 경영자가 가격을 책정할 때에는 판매 및 관리비 항목 또한 원가처럼 취급하여 가격에 반영시키게 된다. 이것은 법인세나 소득세와 같은 직접세 또한 마찬가지이다.

수학에서 말하는 기본적인 형태의 함수는 y=f(x)의 형태로 x라는 독립변수에 어떤 값을 넣으면, y라는 종속변수로서 결괏값이 도출된다. 위의 식에서 직접재료비, 직접노무비, 제조간접비, 판매 및 관리비는 모두 독립변수이며, 여기에 어떤 숫자를 넣으면 결괏값인 가격이 나오게 된다.

만약, 밀가루를 포함한 재료비가 200원, 공장 근로자(아르바이트생 포함)에게 지급되는 급여가 300원, 기타 부대비용이 200원, 편의점의 아르바이트생에게 지급되는 급여가 100원, 이윤율이 20%라면, 빵 가격은 (200원+300원+200원+100원)×(1+0.2) = 960원으로 책정된다.

이제, 최저시급 인상으로 인건비가 편의상 100원씩 올랐다고 해보자. 밀가루를 포함한 재료비 200원, 공장 근로자에게 지급되는 급여는 100원이 인상된 400원, 기타 부대비용 200원, 편의점의 아르바이트생에게 지급되는 급여는 100원이 인상된 200원이므로, (200원+400원+200원+200원)×(1+0.2) = 1,200원이 된다.

그런데 의문점이 든다. 사례에서, 인건비에 해당하는 부분은 공장 근로자와 편의점의 아르바이트생에게 지급되는 급여이다. 임금이 각각 100원씩 인상되었으므로, 물건의 가격도 960원+200원=1,160원으로 총 200원만 인상하면 될 것 같지만, 실제로는 1,200원으로 40원이 더 인상되었다.

왜 이런 결과가 나오게 되었을까? 그것은 원가에 일정한 이윤율을 곱하는 구조로 가격이 책정되기 때문이다. 최저시급의 인상은 직접노무비와 판매 및 관리비라는 원가항목에 포함되어 그 원가에 다시 (1+0.2)라는 곱셈을 해서 가격이 도출된다. 1,200원과 1,160원의 차이는 40원인데, 이것은 최저시급 인상분인 200원에 이윤율인 0.2

를 곱한 값이다.

여기서 중요한 점은 임금이 가격을 결정짓는 독립변수라는 점이다. 임금인상은 생산자 입장에서는 원가 인상과 같기 때문에 그것은 즉각 가격 인상으로 이어지게 된다. 그러므로 최저임금의 목적이 근로자의 생활 안정이긴 하지만, 그것은 물가 인상으로 이어져 다시 근로자의 삶을 짓누르게 된다. 더군다나 물가상승 폭이 최저임금 인상 폭과 동일하다면 견딜 만하겠으나, 가격 결정 산식에서 보이듯이, 실제로는 최저임금 상승 폭보다 물가상승 폭이 더 클 가능성이 농후하다. 그러므로 근로자를 도우려거든 위 산식의 독립변수에 없는 요소로 도와야만 가격에 영향을 주지 않을 수 있으며, 그것이 근로자를 진정으로 돕는 것이 된다.

혹자는 인건비 상승으로 인한 물가상승을 억제하기 위해서 사용자가 다른 원가 요인이나 이윤율을 낮출 수 있지 않으냐고 반문할 수 있다. 그러나 다른 원가 요인을 낮춘다는 것은 현실적으로 어렵다. 인건비를 제외한 다른 원가항목은 그 자체가 다른 사업자가 시장에 판매하는 가격이기 때문이다. 예컨대, 제조간접비 항목의 수도광열비의 요금 책정 주체는 수자원공사, 가스공사, 전력공사 등의 공사·공기업, 더 나아가 정부이고, 공장의 임대료를 낮추려면 땅주인과 협상이 필요하며, 판매관리비 항목의 매장 임대료를 낮추려면 건물주와 협상이 필요하다. 사용자가 이윤율을 낮추는 것 또한 녹록지 않다. 사용자도 돈을 벌기 위해 사업을 하는 것이기 때문에 일단 가격을 올려서 소비자에게 떠넘기려 할5) 것이기 때문이다. 이

---

5) 조세나 최저임금인상 같이 그것이 부과되었을 때, 법적으로 그것을 납부하거나 지급할 의무가 있는 경제주체가 자신의 행동을 변화시킴으로써 그 부담의 일부 혹은 전부를 다른 경제 주체에게 이전시키는 것을(떠넘기는 것을) 전가(shifting)라고 한다.

윤율을 낮추는 것은 가격을 올린 후에 반응이 좋지 않으면 그 후에
나 고려하는 것이다. 그러나 후술하겠지만, '전가'라는 것은 경제적
으로 힘이 있는 쪽에서 힘이 약한 쪽에게 행해지는 것이기 때문에,
상대적으로 약자인 근로자에게 최저임금 인상분이 떠넘겨질 것이고,
그것은 기존 근로자의 실업이나 고된 노동 강도로 나타날 가능성이
크다.

(2) 사회·경제학적 설명

요즈음 동네 편의점을 가보면 젊은 아르바이트생보다 40대 이상
의 편의점 주인 분들이 카운터를 지키고 있는 것을 볼 수 있다. 불
과 몇 년 전까지만 해도 10대나 20대 초반의 아르바이트생이 많이
보였는데 요즘은 이들을 보기가 어렵다. 그 많던 10대 및 20대 아르
바이트생들은 다 어디로 갔을까?[6]

인간의 일반적인 삶을 그려보면, 태어나서 성년이 되기까지 가장
단순한 것부터 배워나가기 시작하여, 더 성장하여 중년이 되면 자기
보다 밑 세대인 청년들을 이끌면서 삶의 전장(戰場)에서 그들을 진두
지휘하며, 노년이 되어서는 다시 중년들을 경륜으로 이끌다 삶을 마
감한다. 요약하면, 인간의 삶은 비숙련에서 숙련으로 진화하는 과정
이라 할 수 있다. 비숙련일 때에는 가장 단순한 일부터 맡게 된다.
소림사에서 무술을 배우고자 해도, 가장 먼저 하는 것이 청소나 설
거지이며, 작가로 멋지게 등단하고 싶어도 제일 먼저 하는 것이 보

---

6) 뉴스1코리아 <'알바 쓰는 자영업자' 27.7% 불과…18년 최저임금 기점 꺾여> 2019.05.19 서영빈 기자
   올 3~4월 1년 전보다 7만 명씩 줄어 '나 홀로 가게 운영' 증가
   文 정부 들어 인상된 최저임금 현장 반영 시점부터 즉각 영향
   …(생략)…

조 작가로서 잔심부름부터 하는 것이다. 단순한 비숙련노동이기에 급여가 적은 것은 당연하다. 이것은 굳이 경제학적으로 어렵게 설명하지 않더라도 자명한 것이다.

그런데, 비숙련 근로에 대한 급여를 숙련 근로와 동일하게 책정하면 어떻게 될까? 대부분의 비숙련 근로자는 일할 기회조차 얻지 못할 것이다. 예컨대, 고용주는 1명당 5,000원의 비숙련 근로자 4명을 고용할 계획을 하고 있었다. 그런데, 최저임금이 5,000원에서 10,000원으로 인상되면, 고용주는 비숙련 근로자 4명을 쓰지 않고, 10,000원의 숙련 근로자 2명을 쓰게 된다. 이것은 무엇을 의미하는가? 주부나 사회초년생이 사회에 접근하는 것이 매우 어려워짐을 뜻한다. 이와 같은 현상은 대부분 기업에서 사원을 채용할 때 경력직을 원하는 상황과 매우 유사하다. 만약, 고용주가 편의점 사장 같은 소규모 자영업자라면 본인이 비숙련 근로를 직접 할 수도 있다. 이는 대학의 시간강사의 처우 개선을 위해 마련한 시간강사법의 경우를 보아도 알 수 있다. 시간강사법이 시간강사에게 약속한 명목상 혜택은 강사의 임용 기간을 최대 3년까지 보장하고, 방학 중에도 임금을 지급하며, 퇴직금이나 4대 보험 등을 보장해주는 것이다. 그런데 위의 혜택을 -일부 국립대를 제외하고- 정부가 세금으로 주는 것이 아니고 대학 자체적으로 지급하라는 것이다. 시간강사가 비숙련 근로자이냐 숙련 근로자이냐의 문제는 차치하고, 2019년 기준 현재 상황을 보면 시간강사가 대량 해고가 되고 그 자리를 객원 교수, 방문 교수 등의 '기타 교원'이나 초빙 교수 등이 대체하고 있다.[7]

사실, 비숙련 근로자에게 필요한 것은 높은 수준의 급여도 물론

---

7) 연합뉴스 <대교연 "강사법 유예 7년간 시간강사 자리 2만2천 개 사라져"> 2019.05.29 이효석 기자

좋겠지만, 그보다 더 긴요한 것은 '지금 당장'의 돈이며, 경험이다. 20대 초반의 대학생이 왜 아르바이트하며, 주부가 왜 부업을 하는가? 그것은 큰돈을 벌고자 함이라기보다 필요한 돈을 제때 얻어서 보릿고개를 넘기고자 함이 더 크다. 또한, 주부가 아닌 학생의 경우, 일단 사회 경험이 있어야 진급의 기회가 있을 가능성이 커진다.

그러나, 최저임금 인상과 같은 이유로 이들이 일하지 못하게 되고, 그 자리를 사장이나 다른 숙련노동자가 채우게 되면, 즉, 비숙련 노동자의 실업과 숙련노동자의 비숙련 노동화가 진행되면, 경제적 효율성의 저하와 생산 부족에 시달리게 된다. 일하는 사람이 적어졌기 때문이다.

생산이 부족하면 어떤 일이 일어나는가? 당연히 수요와 공급의 법칙상 부족한 물자는 높은 물가를 야기한다. 이처럼, 공급이 부족해지면 실업과 인플레이션이라는 스태그플레이션(stagflation)이 야기되는 것이다. 그러므로 수십만 명에 해당하는 공무원 수험생이 대변해주는 것처럼, 대규모 비숙련 근로자의 실업은 사회 전반의 공급 부족을 가져오게 된다. 1명이 10억 원을 쓰는 것보다 10명이 1명당 1억 원을 쓰는 것이 경제 활성화가 빠르며, 10명이 1명당 1억 원을 쓰는 것보다 100명이 1명당 1,000만 원을 쓰는 것이 경제 활성화가 빠르다. 현재와 같은 대규모의 미취업 및 실업과 소수에게로의 부의 편중은 장기 불황으로 이어질 것임은 자명하다. 최저임금의 증가로 이 사회의 절대다수를 차지하는 비숙련 근로자가 미취업이나 실업으로 인하여 번 돈이 없게 되어 그들이 소비 활동을 하지 못하게 되면, 공급 부족뿐만 아니라 수요부족도 초래하게 되고, 사회의 경제 규모가 작아지게 되는 결과를 초래할 것이다. 요약하면, 최저임금 인상 → 비숙련 근로자의 실업 및 숙련 근로자의 비숙련 근로자화 → 공급 부족 → 물가상승의 과정으로 사회에 영향을 미치게 된다. 후술하겠지만, 자연적 시장 상황에서 최저임금 미만의 급여가 지급되는 사업장이 최저임금제의 적용을 받게 되면, 부가가치세와 개별소비세와 같은 물품세의 효과를 초래하게 된다. 내가 사는 빵 한 개가 1,100원이라면 원래 가격인 1,000원과 부가가치세 100원으로 구성되는데, 부가가치세 100원은 빵 가격에 반영되어 소비자가 지불하게 된다. 같은 논리로 최저임금인상분도 소비자가 지불하는 물건값에 반영되고 최저임금은 사용자가 근로자에게 지불하는 것이 아니라 소비자가 근로자에게 지불하게 되는 것이다. 물론, 물품세 또한 사회 전체의 공급을 줄이고 실업을 유발하기는 마찬가지이다.

전·현 정부나 여·야 할 것 없이, 경제 불황의 원인을 공급 측면에서 찾지 않고, 주로 수요 측면에서 찾고 있는 듯하다. 박근혜 정부 때 신설한 미환류소득에 대한 법인세[8]나, 현 정부가 추진하는 소득주도성장 정책이나 자세히 들여다보면, 사회 전반의 생산량을 증대시키는 데 주력하는 것이 아니라, 돈의 '순환'에 초점을 맞춘 것임을 알 수 있다. 다만, 한쪽은 대기업에 초점을 맞춘 것이고, 다른 한쪽은 민간에 초점을 맞춘 데에서 차이가 있을 뿐 근본은 같다. 나는 정부의 정책이 수요 측면에서 억지로 자금을 순환시키는 것에 초점을 맞출 것이 아니라, 사회 전반의 생산을 증가시키는 데 중점을 두

---

8) 기업의 소득을 투자, 임금 등으로 활용하도록 하여 기업소득과 가계소득 간 선순환을 유도한다는 취지로 2015년에 처음 도입한 규정으로 그 내용은 ① 각 사업연도 종료일 현재 자기자본이 500억 원을 초과하는 법인(중소기업은 제외)이거나 ② 각 사업연도 종료일 현재 상호출자제한기업집단에 속하는 법인의 기업소득 중 투자, 임금 등으로 환류되지 아니한 소득이 있는 경우에는 그 미환류소득의 20%를 미환류소득에 대한 법인세로 하여 각 사업연도 소득에 대한 법인세 액에 추가하여 납부하여야 한다(조세특례제한법 제100조의 32).

어야 한다고 본다. 수요가 부족해서 경기 불황을 초래했다는 말은, 어느 날 갑자기 사람들이 영화관도 가지 않고, 책도 사지 않고, 치킨과 맥주를 먹고 마시지 않고, 인터넷도 하지 않으며, 갑자기 모든 사람이 금욕수행을 하러 절에 들어갔다는 말과 같다. 치킨과 맥주가 질린 사람은 피자, 햄버거와 콜라로 바꿔 먹는 경우는 있어도 식욕 자체가 줄어드는 경우는 거의 없다. 영화관에서 영화를 보는 것이 질린 사람은 뮤지컬이나 공연을 보기를 원할 것이다. 후술하겠지만, 인간의 욕구는 무한하기 때문이다. 소비하지 않는 이유는 간단하다. 돈이 없기 때문이다. 돈은 왜 없는가? 생산한 것이 없어서 교환할 것이 없기 때문이다. 생산은 왜 부족해지는가? 일하지 않거나 못 해서이다. 그러므로 불경기를 해결하고 싶으면 실업을 조장하는 정책을 써서는 안 되는 것이다. 결론적으로, 최저임금의 인상은 비숙련 근로자의 사회 진입을 어렵게 하는 장애물과 같은 역할을 하며, 그것은 사회 전반의 생산 부족을 초래할 가능성이 매우 크다.

제4절 실질소득은 그대로인데 물가만 오르면 그 피해는 누가 보는가?

어떤 사람의 한 달 급여가 150만 원이고, 이 돈으로 2만 원어치 빵 50개와 1만 원어치 우유 50개를 구매한다고 하자. 이제 최저임금 인상으로 급여가 10% 인상되어, 165만 원이 되었으나, 앞에서 살펴본 바대로 최저임금 인상은 물가상승을 초래하므로 편의상 물가 또한 10% 상승하여 빵의 가격은 2만2천 원, 우유의 가격은 1만1천 원이 되었다고 하자. 그렇다면, 이 사람의 소득은 증가한 것이라 볼 수 있을까? 당연히 소득은 임금인상 전이나 후나 그대로이다. 구매할 수 있는 빵과 우유의 개수가 같기 때문이다. 경제학에서는 인상 전 급여 150만 원이나 인상 후 급여 165만 원 같은 눈에 보이는 화폐 가치를 명목소득이라고 한다. 그러나 구매 가능한 빵과 우유의 개수는 변하지 않았는데, 이럴 때 '실질소득은 불변'이라고 한다. 실질소득이란 화폐로 실제 구매할 수 있는 현물을 빵 50개, 우유 50개와 같이 개수로 측정한 소득이다. 임금인상 비율과 물가상승 비율이 동일하면 실질소득은 불변이므로 이 사람은 최저임금 인상으로 아무런 이득도 얻지 못한 것이 된다. 따라서 단순히 명목적 화폐 액으로만 소득을 측정하여, 최저임금 인상으로 근로자의 소득이 늘었다고 단정을 지어서는 안 된다. 최저임금 인상으로 인해 인상된 급여 비율, 최저임금 인상으로 증가한 실업자 비율, 최저임금 인상으로 인한 물가상승 비율 등을 종합적으로 득실을 검토해야 마땅하다.

사회 전반의 임금인상 비율과 물가상승 비율이 같아서 상쇄되었으므로, 이 사회는 아무도 이득이나 손실을 본 것이 없을까? 우리 사회는 선천적 원인이든 후천적 원인이든 간에 일할 수 없는 사람들이 존재한다. 날 때부터 장애를 지니고 태어나신 분도 있고, 공사 현장에서 근무하다 다쳐서 장애를 갖게 된 분도 있고, 단순히 연세가 많이 드셔서 은퇴하고 연금과 같은 고정된 수입으로 살아가시는 분도 있고, 청년이지만 미취업상태로 공무원 시험 등을 준비하는 수험생이나 실직한 분들과 같이 다양한 이유로 일을 못 하는 사람들이 있다. 일할 수 없는 상태에서 물가가 오르게 되면, 가장 먼저 피해를 보는 사람은 당연히 이와 같은 사람들이다. 은퇴 후 받는 연금이 물가와 연동된다고는 하지만, 그마저도 받을 수 없는 사람들은 어쩌란 말인가? 설상가상으로, 3절의 가격책정 산식에서 보이듯이, 최저임금인상분보다 물가 인상 비율이 더 높을 확률이 농후하며, 그런 상황에서는 사회의 약자 계층이 더 큰 피해를 보게 될 가능성이 크다.

제5절 최저임금의 혜택은 종속근로자가 되었을 때만 받을 수 있다.

노동조합의 혜택을 받으려면 일단 회사 소속의 근로자가 되어야 하고, 미취업자나 실업을 이유로 그 회사에 소속되지 못하게 되면, 노동조합이 제공하는 혜택을 원칙적으로 누릴 수 없다. 이것은 최저임금도 마찬가지이다. 최저임금의 혜택을 받으려면 일단 단기 아르바이트라도 어느 조직에 종속되어 근로를 제공하고 있어야만 한다. 그러나 현실은 어떠한가? 어느 구직 사이트를 들어가 보아도 작은 기업의 사무보조 자리조차 경쟁률이 매우 높다. 이러한 상황에서 최저임금을 인상한들 그 혜택을 보는 사람은 소수에 불과할 것이다. 또한, 취업이 되더라도 그 형태가 도급계약이나 위탁계약의 형태인 근로 형태, 야쿠르트 아줌마(프레시 매니저)·학습지 교사·보험 설계사 등은 근로조건이나 대우가 때에 따라서 아르바이트생보다 못한 경우가 있음에도 최저임금제를 적용받기 어렵다. 그러므로 최저임금의 인상은 '기존'의 취업자를 보호할지언정 장래에 또는 현재 구직 중인 미취업자나 실업자를 보호해 주지는 못한다. 이 사람들 또한 '잠재적' 근로자란 점에서 마땅히 보호받아야 하는데도 말이다. 또한, 기존의 취업자마저 자신을 고용한 고용주가 상황이 어려워진 상태라면 최저임금 인상으로 인해 해고당할 수도 있다.

혹자는 이렇게 반문할 수도 있다. 최저임금이 실업자를 보호해 줄 수는 없지만, 실업자는 실업급여를 받을 수 있지 않으냐고 말이다.

여기에 대해 다음과 같이 답할 수 있다. 첫째, 실업자가 실업급여의 도움을 받을 수 있다고 해도 미취업자는 최저임금과 실업급여 양쪽에서조차 도움을 받을 수 없으므로 사각지대가 남아있는 것은 여전하며, 둘째, 최저임금은 고용되는 즉시 적용되는 것이지만, 실업급여는 그 요건을 충족해야 받을 수 있는 것이다. 즉, 조건부인 것이다. 이와 관련하여 고용보험법 제40조에 따라 구직급여를 받기 위한 조건은 다음과 같다.

① 이직일 이전 18개월간(기준기간) 피보험단위 기간이 통산하여 180일 이상일 것
② 근로의 의사와 능력이 있음에도 불구하고 취업(영리를 목적으로 사업을 영위하는 경우 포함)하지 못한 상태에 있을 것
③ 재취업을 위한 노력을 적극적으로 할 것
④ 이직 사유가 비자발적인 사유일 것 (이직 사유가 법 제58조에 따른 수급자격의 제한 사유에 해당하지 아니할 것)

이미 ①만을 보더라도 180일 미만을 일한 단기 근로자는 실업급여를 적용받기 어려운 구조이다. 결과적으로 최저임금제는 기존의 취업자만을 보호하고, 미취업자나 실업자를 보호하지 못하며, 때에 따라서는 기존의 취업자마저도 실직의 위험으로 몰아버릴 수 있는 제도이다.

제6절 높은 임금은 호(好)경기의 결과이지 원인이 아니다.

소득주도성장 정책의 맹점은 최저임금 인상 등의 방법으로 임금을 강제적으로 상승시키면 실업률의 변동이 없이 근로자의 소득이

증가하여 소비가 진작되고, 이렇게 진작된 소비는 돈(=화폐)의 흐름을 원활하게 만들어서 경기가 되살아나리라 생각한 것이다. 그러나 최저임금 인상으로 인한 물가 인상과 그로 인한 수요의 감소 및 실업으로 실질소득이 더 감소해서 소비가 위축되리라는 점을 간과하였다.

우리 사회는 물물교환 경제이다. 신석기 시대에 부족 간에 호랑이 가죽과 토기(土器)를 교환하든 21세기를 사는 우리가 휴대전화 대리점에 가서 최신 스마트폰을 화폐를 주고 구매하든 간에, 이것은 화폐가 있든 없든 상관없이 그 자체로 자명한 것이다. 농부가 스마트폰을 갖고 싶다면 어떻게 해야 하는가? 두 가지 방법이 있다. 첫째, 농부가 직접 만든다. 둘째, 돈을 벌어 스마트폰을 산다. 그 외에 증여를 받거나 훔치는 방법 등이 있을 수 있으나, 모두 예외적이거나 범죄를 저지르는 것이므로, 앞의 두 가지 방법 외에 다른 것은 논의하지 않기로 한다. 첫 번째의 농부가 직접 만드는 방법은 농부가 대학에 들어가서 기계공학 등을 전공하고, 공장을 짓는 등 여러 가지 과정을 거쳐야 하므로, 아마 평생을 다하여도 만들지 못할 수 있다. 결국, 농부가 스마트폰을 갖는 유일한 방법은 돈을 주고 사는 방법이다. 농부가 돈(=화폐)을 얻으려면 어떻게 해야 할까? 당연히 농산물을 팔아야 한다. 팔 농산물이 없다면 돈 또한 없다. 그러므로 농부는 본인이 만든 농산물과 다른 사람이 만든 스마트폰을 교환하는 것이 된다. 결국, 근본적인 소비가 진작되기 위해서는 생산이 전제되어야 함을 알 수 있다. 생산해 놓은 것이 없으면 소비는 없다. 따라서 화폐는 교환을 도와주는 매개체에 불과하며 소득의 본질이 될 수 없다. 만약, 화폐가 교환을 좌지우지하는 것이라면, 당장 조폐공사에서 대량의 화폐를 찍어내면 우리는 모두 부자가 될 것이다. 그러므로 화폐는 '명목'일 뿐 '실질'이 될 수 없다.

여기 한 농부가 있다. 이 농부는 시골에 본인의 땅을 가지고 운영하는 자영농이다. 그는 혼자 농장을 운영하기 너무 힘들어서 소작인을 고용하고자 한다. 농부가 한 해의 농사를 시작할 때, 그 결과는 풍년과 흉년으로 예상할 수 있다. 모내고 김매는 것이야 풍·흉에 관계없이 하는 것이지만, 농부의 노력과는 별개로 풍작·흉작 여부는 기후 조건에 달린 것이다. 만약, 늦은 봄에서 초여름에 적당한 강수량으로 그해에 풍작이 예상되면, 농부는 소작인을 더 고용하려고 할 것이다. 또는 너무 외진 시골이라 더 이상의 소작인 고용이 힘들면, 기존 소작인의 급료를 더 올려서라도 일을 시키려고 할 것이다. 그러나 적당한 강수량이 아니라 가뭄이나 홍수가 나서 그해 작황이 좋지 않을 것으로 보인다면, 그는 불필요한 개간을 하려 하지 않을 것이고, 그에 따라 소작인을 고용할 필요가 없어진다. 그렇다면, 소작인의 급료는 어디에서 나오는 것일까? 그것은 한 해 수확물에서 나오는 것이다. 그해에 가뭄이 들어 작황이 좋지 않다면, 아무리 소작인이 자영농에게 따져도 자영농은 많은 급료를 주기 힘들다.

이것은 농업뿐만 아니라 일반 산업도 마찬가지이다. 경기 상황은 개인이 예측하기 힘든 것이다. 그것은 농업의 경우 자연조건뿐만 아니라 다른 나라 및 자국 농산물에 대한 관세 부과 여부 등에 따라 여건이 달라지고, 농업 외의 다른 산업 또한 그러하다. 한 업종 및 한 나라의 경기 상황은 농사의 한 해 풍·흉으로 비유될 수 있다. 만약, 흉년이 들어 한 톨의 쌀도 수확하지 못한 자영농에게 정부가 "소작인에게 최저 소작료를 지급하라"라고 명령하면 그 농부는 한 개인으로서 감당하기 매우 힘들 것이다. 같은 논리로, 한 회사에 사원의 급여는 어디서 나올까? 그것은 그 회사가 벌어들인 돈에서 나온다. 만약, 회사의 사정이 좋으면 성과급 등을 받을 수도 있지만, 회사가 부도가 나면 직원들은 급여를 받을 수 없는 것이 일반적 상황이다. 그러므로 경기 상황에 따른 위험(risk)을 하나의 경제주체가 모두 감당하기는 어려운 것이다.

물론, 사회 전체가 불경기이더라도 상황이 좋은 업종이 있을 수 있다. 예컨대, 자영업자의 폐업이 만연한 상황에서는 폐업처리업체 등이 덕을 볼 수 있다. 또, 경기의 유불리와 크게 상관없이 영업을 무난히 유지하는 것도 있을 수 있다. 그러나 우리가 따져보아야 할 것은 사회 전체의 평균이다. 정부의 최저임금 인상 정책이 사회 전체 '평균'의 급여 수준을 높이려는 것이라면, 그런 정책을 시행하려는 원인 또한 사회 전체의 '평균'을 따져보아야 할 것이다. 폐업처리업체 한 곳이 성업을 이룬다는 것은 그 주변의 수십, 수백의 업체가 도산했다는 것을 의미하며, 어떤 한 가게가 경기에 상관없이 장사가 잘된다면 그것은 사회적 현상이 아니라 그 가게의 특수한 능력에 따른 것이다.

일한 근로자에게 얼마의 급여가 주어져야 하는가? 그것은 일을 한 사람의 성과에 따라 다르고, 그 업종의 시장 상황에 따라 다르며, 더 나아가서는 자연 상황에 따라 다를 수 있다. 한 해 열심히 일한 농부가 기후 상황이나 자연재해로 흉작이 들면 농부는 누구에게 최저임금을 청구해야 하는가? 또 얼마의 최저임금이 주어져야 하는가? 결론적으로, 임금의 많고 적음은 경기 상황에 따른 종속변수이지 경기 상황을 좌지우지하는 독립변수가 아니다. 맹자(孟子)는 순리에 따르지 않고 억지로 키우려 하는 것을 발묘조장(拔苗助長)이라 했다. 싹을 빨리 키우기 위해 억지로 뽑아 올리는 것을 뜻하는 이 말은, 정부의 소득주도성장으로 대표되는 최저임금 인상 정책에 적합한 말이라 볼 수 있다.

제7절 현행 최저임금제는 업종별 상황을 고려하지 못한다.

최저임금법 제4조는 최저임금의 결정 시 생계비를 고려하도록 규정되어 있다. 이 생계비는 의(衣)·식(食)·주(住)를 모두 포괄하는 개념이다. 그러나 생계비라는 것은 각자가 처한 환경에 따라 다를 수 있다. 예컨대, 공장이나 원양어선과 같이 숙식을 같이하는 곳은 의식주 중에 식(食)과 주(住)는 생계비 계산 시 고려하지 않거나 최소한으로만 고려해야 한다. 또한, 같은 식비라 해도 생산직 근로자의 식비와 서비스직·사무직에 근무하는 근로자의 식비를 같은 것으로 계산해서는 안 된다. 쓰는 힘의 종류가 다르기 때문에, 식사 중에 육류나 기타 영양의 비중이 다를 수도 있다. 의(衣)도 마찬가지다. 특히, 서비스직의 경우 경제적으로 아무리 힘들더라도 일의 특성상 일정 수준 이상의 품위 유지를 위하여 비싼 옷을 입어야 하는 경우도 있다. 단순히 옷이 비싸다고 해서 사치재로 간주해서는 안 되는 것이다. 이 경우 옷의 구매 비용 또한 생계비에 포함될 수도 있는 것이다. 그러나 현행 최저임금제는 이러한 차이를 무시한 채 일률적으로 하나의 최저임금액을 정해 놓고 따르게 하므로 시행 과정에 불합리한 점이 있을 수밖에 없는 구조이다.

제8절 최저임금의 결정과 처벌이 매우 자의적이다.

법은 도덕의 최소한이어야 한다. 법, 특히 형법은 국민의 생명·신체·재산에 침해를 가하는 것이므로 어떤 사람의 행위가 공공의 생명과 안전을 명백히 훼손하거나 위태롭게 하는 경우에만 필요한 한도 내에서 제한적으로 가해져야 하며, 행위가 단순히 불쾌하다든가 불안감을 준다든가 예의가 없다는 이유로 형벌권이 행사되어서는 안 된다.[9] 이것은 법이 규정한 목적을 달성할 다른 수단이 있을 때는 그 수단이 먼저 행사되어야 하며, 형벌은 달성 가능한 다른 수단이 없을 때 최후에 행사되어야 한다는 '최후수단성'이라는 말에서도 드러난다. 따라서 범죄가 성립되는지 논란이 있는 부분들,[10] 예컨대, 성매매의 경우 그것이 사회적 안전을 해(害)하여 처벌할 필요가 있는지는 가치판단이 개입된다. 그렇다면 최저임금의 경우는 어떨까? 이와 관련하여 현행 최저임금법과 형법은 다음과 같다.

최저임금법

제6조(최저임금의 효력)

① 사용자는 최저임금의 적용을 받는 근로자에게 최저임금액 이상의 임금을 지급하여야 한다.

② 사용자는 이 법에 따른 최저임금을 이유로 종전의 임금 수준을 낮추어서는 아니 된다.

---

9) 『비범죄화의 이론』 법문사, 임웅 저

10) 성 매수 남성중에는 건장한 남성도 있으나, 장애인이나 얼굴에 화상·곰보 등이 있어서 정상적인 상황에서는 남녀관계를 갖기 어려울 수 있다. 이런 경우 법의 잣대로 범죄를 논하는 것이 과연 옳은지는 심각히 검토해 보아야 한다. 그것은 시대나 각 나라의 상황에 따라 다를 수 있기 때문이다. 독일의 경우 성매매가 처벌 대상이 아니다.

제28조(벌칙)

① 제6조 제1항 또는 제2항을 위반하여 최저임금액보다 적은 임금을
지급하거나 최저임금을 이유로 종전의 임금을 낮춘 자는 3년 이
하의 징역 또는 2천만 원 이하의 벌금에 처한다. 이 경우 징역과
벌금은 병과(併科)할 수 있다.

형법

제283조(협박, 존속협박)

① 사람을 협박한 자는 3년 이하의 징역, 500만 원 이하의 벌금, 구
류 또는 과료에 처한다.

최저임금제하에서는 업주가 고용인에게 최저임금을 지급하지 않
고 근로를 시키면 처벌을 받게 된다는 점에서 형법의 그것과 비슷하
다. 그렇다면 최저임금을 주지 못한 사용자의 행위가 공공의 생명과
안전을 뒤흔드는 심각한 범죄로 보아야 하는가? 만약, 올해 최저임
금이 5,000원이었는데 다음 해에 6,000원으로 올랐고, 그걸 알고 있
는 업주이지만 가게 사정이 어려워 그냥 종전대로 5,000원만 주었다
면, 이것은 사회의 안전을 뒤흔드는 심각한 범죄인가? 여기에는 법
규정과 상관없이 가치판단이 개입된다. 나는 최저임금 미만으로 급
여를 주는 것을 처벌하는 것은 잘못되었다고 본다. 최저임금을 5,000
원으로 할지, 6,000원으로 할지, 7,000원으로 할지는 정부의 재량11)
에 달린 것이고, 이러한 정부의 재량에 따라 범죄의 성립 및 처벌
여부가 결정된다. 과연 얼마를 주어야 공공의 생명과 안전을 뒤흔들
지 않는 것일까? 사막에서 갈증으로 죽어가는 사람에게는 1,000원짜

---

11) 물론, 최저임금위원회에서 심의 끝에 결정하는 것이지만, 최종 결정 및 고시는 고용노동부 장관
이다.

리 생수의 한 모금 물이라도 10억 이상의 가치가 있을 수 있다. 어느 정도의 급여액이 사회적으로 용인될 것인지를 결정하는 것은 매우 어려운 문제이다.

최저임금법상 사용주가 처벌받는 근거는 그의 특정한 '행위'에 있는 것이 아니라, '액수'에 있다. 그리고 그 액수는 정부의 정책에 따라 계속 변한다. 즉, 변한 것은 사용주의 행위가 아니라 정부가 제시한 액수이다. 규범 논리상 어떤 사람의 행위를 비난하고 벌을 내리려면 그의 도덕12)이나 행위의 반가치성(反價値性)을 문제 삼아야지 능력을 문제 삼아서는 안 된다. 예를 들어, "1년 안에 10억을 벌지 못하면 벌금형에 처한다." 또는 "시험에서 100점을 획득하지 못하면 징역에 처한다"와 같은 규정은 그 자체로 정당하지 못한 것이다. 그것은 그의 처벌 여부가 도덕이나 행위의 반가치성에 있는 것이 아니라, 능력에 있기 때문이다. "사용인이 고용인에게 일정 금액 이상을 지불하지 못하면 처벌한다"라는 규정은 분명히 도덕이나 행위의 반가치성이 아니라 능력을 문제 삼아 처벌 여부를 결정하는 것이다. 사용주가 고용인에게 최저임금 미만으로 급여를 지불하는 것은 도덕의 문제라기보다 능력의 문제로 보아야 한다. 본래 최저임금은 경제학의 원리상 시장의 수요와 공급에 의해 결정된 가격보다 높아야 의미가 있기 때문이다. 그런데 능력을 기준으로 처벌하게 되면 대기업이나 건물주와 같은 사회적 강자는 처벌받을 확률이 낮아지고, 중소기업이나 소상공인은 처벌받을 확률이 더 커지게 된다. 그렇다면, 본래 죄가 성립되지 않는 영역을 죄로 만들고 벌을 내릴지 말지 좌

---

12) 형법학에서 실질적 의미의 범죄를 무엇으로 볼 것인가에 대해서는 권리침해설, 법익침해설, 의무위반설 등 여러 학설이 대립한다. 여기서는 일반 독자층을 고려하여 도덕이란 단어로 포괄하여 사용하였다.

지우지하는 것이야말로 사회의 안전을 뒤흔드는 것이 아닐까? 또한, 한 가지 더 지적할 점은 우리 법은 최저임금의 미지급을 협박죄와 같거나 더 무거운 범죄로 보고 있다는 것이다. 그러나 이것은 앞에서 지적했듯이 본래 범죄가 될 수 없는 성질의 것을 협박죄보다 더 무겁게 취급한 것으로 입법적 보완이 필요한 부분이다.

만약, 요즘같이 최저시급이 높고 경기가 어려워서 편의점 사장님이 아르바이트생 없이 혼자 편의점을 경영한다고 하자. 이런 경우, 편의점 사장님은 사장이면서 아르바이트생인 이중의 지위를 갖게 된다. 그런데 경기가 너무 어려운 나머지 본인의 급여가 최저시급에 미달하게 되었다. 고민을 거듭한 사장님이 자신을 고용노동부에 신고하고 최저임금을 받기로 했다면 사장님의 최저임금은 누가 줘야 하는가? 또, 처벌을 받아야 하는가? 법의 조항을 따지기에 앞서 건전한 상식에 기대어 판단해보면 자명한 결론에 이를 것이다.

제9절 최저임금제는 불필요한 행정비용의 증가를 유발한다.

우리 사회의 행정력을 투입하는 데에는 우선순위가 있다. 예를 들어, 경찰력이 제한적인 상황에서 살인과 상해를 동시에 막을 수 없는 상황이라면 살인부터 막는 것이며, 칼을 든 강도와 주먹으로 위협하는 강도가 있다면 당연히 전자부터 경찰력이 투입되어야 한다. 따라서 성매매와 같이 범죄화(犯罪化)하기 애매한 영역 등을 범죄로 규정하여 처벌하게 되면 두 가지 측면에서 부작용을 낳을 수 있다.

첫째, 성매매 등을 규제·감시하기 위한 경찰력을 증가시키지 못한 채 성매매 등을 범죄로 규정해서 처벌하게 되면, 성매매에 대한 규제·감시가 유명무실해지거나 살인·강도와 같은 본질적이고 흉

악한 범죄에 대응하기가 힘들어지게 된다. 행정력이 분산되기 때문이다.

둘째, 성매매의 음성화에 따른 파생적인 부작용이다. 「성매매 방지 및 피해자 보호 등에 관한 법률」에 따라 기존의 집창촌 등에서 행해진 성매매가 금지되면, 성매매 자체가 사라지는 것이 아니라 음지에서 이루어지는 새로운 성매매가 기승을 부리게 된다. 이렇게 기존에 양지에 있던 성매매가 음지의 영역으로 숨어들게 되면, 종래 집창촌에서 이루어지던 성병 검사를 포함하는 관리가 이루어지지 않게 되어 에이즈나 매독 같은 전염성 성병에 무력할 수 있고, 성매매에 종사하는 여성이 상대 남성에게 폭행·상해를 당해도 하소연하기가 힘들어진다. 전술한 법률에 예외 조항이 있다 해도 이미 성매매 행위 자체가 불법으로 규정된 이상 법에 호소하기가 현실적으로 힘들다. 이렇게 음지에서 갖가지 범죄가 발생하면 그것을 규제하기 위해 또다시 경찰력의 증가를 유발하게 되고, 이는 필연적으로 증세가 불가피하게 되며 그 부담은 고스란히 국민의 몫이 된다.

이것은 경찰행정과 같은 공공안전에 관한 영역뿐만 아니라, 최저임금 준수 여부에 대한 근로감독관의 감독 업무 같은 일반 행정의 영역에서도 마찬가지이다. 이 또한 두 가지 측면에서 부작용을 따져 볼 수 있다.

첫째, 행정력의 분산이다. 앞에서 언급했듯이 최저임금이 적용되는 부분은 고시원 총무나 편의점 아르바이트같이 단순·무위험한 직군이다. 그런데 당장 생계가 급한 사람이 무위험한 저급여의 일자리를 찾지 않을 것이다. 정말로 생계가 어렵다면 막노동이나 원양어선에서 일하는 한이 있더라도 위험을 감수하려 할 것이다. 상황이 이러하다면 무위험한 직군에 종사하는 사람의 급여에 주목하기보다 때에 따라 생명을 잃을 수도 있는 사람의 안전을 도모하는 것이 근로자를 돕는 것이 아닐까? 따라서 근로감독관이 현장 조사를 수행할 때 식품을 취급하는 곳에서는 보건증 지참 여부와 식품위생 안전 검사, 공사장과 같은 곳에서는 안전 규정 준수 여부, 그 외에 소방·전기·가스 점검 등과 같은 산업 안전이나 작업장에서의 성범죄 여부 등에 행정력이 투입되어야 하는데, 최저임금제를 시행하게 되면 행정력이 분산되어 근로감독관이 이러한 업무에 집중하기가 힘들어진다.

둘째, 최저임금준수의 회피행위에 따른 파생적 부작용이다. 시장에 의해 결정된 임금보다 더 높은 임금을 책정하면 상여금의 삭감, 유급휴가 축소, 연차휴가 소진, 교통비 삭감, 휴게 시간의 재배치, 출·퇴근 차량 폐지 등과 같은 기상천외한 편법 등이 속출하게 된다. 한정된 근로감독관의 수로는 이러한 편법 행위를 다 조사·감독하기가 어려워 추가적인 근로감독관이 필요하게 되고, 이러한 행정력의 증원 요구는 증세로 이어져 다시 국민의 부담으로 돌아오게 된다. 또한, 사업주 입장에서도 기존의 업무 외의 '편법' 업무에 힘을 써야 하므로 사회 전체적으로 비효율을 야기한다. 다음은 최저임금 반대 집회를 개최한 소상공인 단체 61곳을 조사한 정부를 비판하는 기사다.[13)]

"…중기부는 지난 5월 16개 정부 부처, 지방자치단체에 '소상공인연합회 소속 단체 활동 및 운영 여부 확인 요청' 공문을 보냈다. 이 과정에서 연합회에 소속된 61개 단체의 소관 부처와 담당 부서를 하나

---

13) 조선일보 <최저임금 반대 집회 열자… 소상공인 단체 61곳 콕 집어 조사> 2018.10.08 최연진 기자, 원선우 기자

하나 콕 찍었다. …(중략)… 당시는 연합회가 최저임금 인상 등과 관련해 서울 여의도에서 1000여 명이 참석한 집회를 여는 등 정부 정책에 반대하는 목소리를 공개적으로 내던 때였다. 중기부 요구를 받은 16개 부처·지자체는 지난 6월 61개 단체를 공문·전화 등으로 접촉해 각종 실태를 파악했다. …(중략)… 현행 소상공인 보호 및 지원에 관한 법률 제26조에 따르면 중기부 장관은 필요한 경우 연합회 사무에 관하여 지도·감독할 수 있고, 연합회에 서류 등의 제출을 요구할 수 있다. 중기부는 이를 근거로 "적법한 지도·감독이었다"라는 입장이다. 그러나 엄용수 의원은 "법률 내용은 연합회에 대한 지도·감독권이지 소속 단체에까지 이 같은 '행정 감찰'을 할 수 있다는 것이 아니다"며 "중기부의 명백한 월권"이라고 했다. …"

제10절 비자발적 빈곤 프리랜서·자영업자는 누가 지켜주나?

우리 사회에는 비록 실업이나 미취업이 광범위하다고는 하지만, 다양한 직종에 종사하는 사람들이 있다. 여전히 대다수가 직장에 근무하는 '종속'근로자이긴 하지만, 수백만의 자영업자가 있고, 프리랜서 또는 개인사업자로 간주되는 작가·통역사·번역가·학원 강사·유튜버·인터넷 BJ·플랫폼 노동자 같은 종속근로자가 아닌 사람들이 점점 많아지고 있는 것 또한 사실이다.

분명한 사실은, 생업을 위하여 어쩔 수 없이 창업이나 프리랜서의 길을 가는 사람들도 있다는 점이다. 하고 싶어서, 자신만의 통찰력과 사업 아이템을 갖고 있어서 사업을 하는 사람도 있겠지만, 단순히 취업이 되지 않거나 퇴직 후 울며 겨자 먹기식으로 치킨집을 창업하는 퇴직자들처럼 영세한 가게이나마 운영하려는 사람들도 존재하고, 이 사회는 점점 그런 사람들로 채워지고 있다. 이들은 취업에 실패하거나 마지못해 창업한 사람들이고, 최저임금을 적용받는 근로자는 취업에 성공한 사람들이다. 단순히 '사업자'라는 이유만으로 이들의 처지가 근로자보다 나은 것일까? 우리 법은 더 낫다고 본다. 그래서 이들이 사업체를 꾸리고 한 명이라도 사람을 고용하면 그 피고용인에게 최저임금을 지급해야만 한다. 둘 다 경제적 처지는 비슷하더라도 한 사람은 사업자이고 다른 한 사람은 근로자이기 때문에 대우가 다르게 된다. 한쪽에 최저임금을 청구할 권리를 준 것은 다른 한쪽에게는 그것을 주어야 할 의무를 부여한 것이다. 한쪽에 상을 준 것이고, 다른 한쪽에 벌을 내린 것이다.

제11절 최저임금은 독·과점을 유지하는 데 도움을 준다.

앞에서도 언급했듯이, 우리 사회는 교환경제 체제이다. 만일, 내가 빵을 500원에 구매한다면 빵을 사서 먹는 나의 만족감이 500원을 상실하는 상실감보다 크기 때문이고, 빵 가게 주인이 500원에 빵을 파는 것은 빵을 만들어 팔기까지 드는 원가가 500원보다 싸기 때문이다. 그래서 자유로운 교환 시스템에서는 수요자와 공급자 모두 이익을 보게 되어있다.

이것은 노동이 거래되는 노동시장에서도 마찬가지이다. 사업주가 근로자를 100만 원에 고용했다면 그 근로자가 100만 원보다 더 많은 돈을 벌어다 주기 때문이며, 근로자가 100만 원에 근로를 제공하기로 동의했다면 -더 많이 받으면 물론 좋겠지만- 현재 선택 가능한 대안 중에 가장 최선의 대안으로 그 제안을 받아들였을 것이다. 왜냐하면, 일반적으로 높은 임금을 받기 위해 대학을 나오고 자격증을 취득하고 경험을 쌓는 등의 '원가'가 투입되기 때문에, 자신의 생산성에 맞추어 합리적이라 여겨지는 금액으로 타협할 것이기 때문이다. 빵 시장을 세분하면 10,000원이 거뜬히 넘는 케이크와 같이 고가의 빵 시장이 있고, 1,000원에 판매되는 단팥빵이 거래되는 시장도 있다. 10,000원이 넘는 케이크의 경우 빵 반죽부터 크림을 바르고 장식을 하기까지 많은 단계가 있고, 투입되는 재료의 질과 양이 단팥빵의 그것과는 다르다. 그런데 시장에서 단팥빵과 꽈배기를 만드는 상인들이 정부에 항의하여 단팥빵과 꽈배기를 케이크 가격과 같게 책정해달라고 정부에 항의하면 우리의 상식으로 받아들이기 힘들다. 노동시장도 마찬가지로 좋은 대학을 나오거나 남들이 가지지 못한 특별한 지식·경험이 있어서 급여가 높은 일을 하는 사람이 있고, 상대적으로 낮은 급여를 받는 단순 노무자도 있다. 그러나 이 두 부류의 차이가 차별이라고 생각하기는 어렵다. 전자의 경우 대개는 한 분야에서 몇 년 이상의 경력과 그 분야에서의 전문 지식·기술 등을 갖고 있고, 단순 노무자의 경우 특별한 경험이나 노력이 없더라도 일단은 주어진 일을 할 수 있는 것이기에 그렇다. 즉, 투입되는 원가가 다르기 때문이다.

직원에게 시간당 5,000원을 주는 단팥 빵집 사장님과 그 시간당 금액을 승낙하고 일을 한 직원 간의 합의는 시장에서의 교환이다. 그러한 거래 조건에 교환이 성립된 것이다. 그런데 최저시급을 6,000원으로 인상했다는 말은 이 금액 이하로 노동을 교환하지 말라는 의미이다. 이것은 수익성이 낮은 사업주나 근로자에게 사업과 근로를 하지 말라고 명령한 것과 같다. 이는 저부가가치 산업이나 사회 저층에 형성되는 시장을 와해시키는 행위이다. 혹자는 이렇게 주장할 수 있을 것이다. "빵 가격과 최저임금은 성질이 다르다. 아무리 임금이 노동시장의 수요와 공급에 의해 결정된다고 하더라도 최저임금의 지급 여부는 인간으로서 누려야 할 기본적 생존권의 문제도 가지기 때문이다." 그러나 이는 경제의 영역과 정치의 영역을 분리하지 않는 데서 초래한 오해라고 본다. 나는 최저임금의 인상으로 물가 인상이나 실업이 없어도 근로조건의 변경이 반드시 있다고 보지만, 정부의 논리대로 아무런 변동이 없다는 점을 받아들여, 당사자 간의 계약으로 급여가 100만 원인데 최저임금으로 110만 원을 주었다면, 이 중 100만 원은 근로에 대한 대가이고 10만 원은 사업주가 근로의 대가 없이 증여한 것으로 볼 수 있다. 최저임금의 핵심은 이 10만 원의 증여를 하지 않으면 100만 원을 지급한 자를 처벌하겠다는 것이다. 생면부지의 사람끼리 만나 서로 간의 근로조건을 맞춘다. "나는 이 금액을 지급하고 당신은 저 일을 해주시오." 이 교환은 순수한 계약이다. 여기에서 생존권 보장의 의무를, 법에 그러한 규정이 있더라도 순수한 의미에서 그것을 도출하기는 어렵다. 왜 생면부지의 남이 다른 사람의 생존을 보장해줘야 하는가? 길가의 거지에게 적선하지 않았다고 해서 적선하지 않는 사람이 처벌받는 법은 없다. 게으름 피우지 않고 열심히 살았는데 실업자·거지·부랑자가 된다면 그것은 최저임금을 지급하지 못한 사업주에게 있는 것이 아니라, 이 사회에 책임이 있는 것이 아닐까? 그 책임이 사회에 있고, 그것이 정치의 영역이라면 그것은 후술할 기본소득이나 사회보장의 문제로 넘어가게 된다.

결론적으로 최저임금은 자유경쟁 시장을 저해하며, 근로자·중소기업·자영업자 등을 보호하는 것이 아니라 대기업·재벌로 대표되는 기존 산업 생태계의 강자를 보호한다. 최저임금을 주는 것에 가장 민감한 곳은 어디인가? 그것은 대기업이 아닌 중소기업과 소상공인이다. 그 이유에 대해서 양적 측면과 질적 측면에서 살펴볼 수 있다.

양적 측면은 분업과 규모의 경제(economy of scale)로 인한 생산에서의 효율성 차이로 설명할 수 있다. 비록, 현대 경제 체제의 생산방식이 자동화와 그로 인한 인력감축을 위주로 한 소품종·대량생산 체제로 전환하고 있는 듯 보이지만, 애덤 스미스 이후로 거의 모든 경제학자는 분업과 규모의 경제의 효율성이 자본주의 경제를 태동하게 만든 핵심적 요인임을 인정하는 데 주저함이 없다. 실제로 초기 투자 비용이 많이 드는 자동화 생산방식과 저렴한 인건비로 많은 인원을 고용할 수 있는 해외로의 사업체 이전 방식 중에 다수의 기업은 후자의 방식을 채택하고 있다. 미국 트럼프 행정부나 유럽의 극우 정당이 내세우는 관세 인상, 법인세 인하를 중심으로 한 리쇼어링(Reshoring) 정책이나 반(反)이민 정책 등은 이러한 연장 선상에 놓여있는 것들이다.

의자 하나를 한 사람이 만들면 일주일이 걸린다고 할 경우, 열 명이 투입되면 한 사람은 나사를 조이고 다른 사람은 나무를 자르고 또 다른 사람은 만들어진 부분들을 조합하는 등 복잡한 역할을 단순한 역할로 나누어서 하면 일주일에 수백 개의 의자도 만들 수 있다. 또한, 1명의 10시간 노동은 10명의 1시간의 노동만 못하며, 10명의 10시간 노동은 100명의 1시간 노동만 못하다. 이러한 논리는 제조업 전반에 적용되며, 제조업이 아닌 다른 산업 분야에서도 똑같이 적용되는 원리이다. 이 원리를 기업으로 확장해 보자. 직원 수가 10,000명인 기업은 직원 수가 1,000명인 기업에 비해 그 생산 효율에 있어서 10배 차이가 아니라 그보다 훨씬 더 큰 효율을 낸다. 전자를 대기업이라 하고 후자를 중소기업에 대입하면, 최저임금이 인상되면 대기업의 근로자는 대부분 최저시급보다 많은 시간당 급여를 받을 확률이 높으므로 직원 수의 변동이 거의 없지만, 중소기업의 경우 대기업과 달리 직원 수의 대규모 삭감을 예상할 수 있다. 중소기업에서 10명 중 4명은 시급 10,000원에, 6명은 시급 5,000원에 일하고 있는데, 최저임금 인상으로 최저시급이 10,000원으로 오르면 직원 6명을 해고하라는 의미밖에 되지 않는다. 이것은 가뜩이나 직원 수에 있어서 분업이나 규모의 경제의 혜택을 보지 못하는 중소기업에 더 크지 못하도록 수갑을 채우는 것과 같다. 더군다나 해고된 6명이 정부에 실업급여를 청구하면 정부의 재정 부담이 커지게 되며 그 부담은 증세로 이어지고, 증세는 다시 국민의 부담 증가를 초래한다.

질적 측면은 고학력·유경험자가 주로 들어가는 직장과 저학력·무경험자가 주로 들어가는 직장이 어디인지 살펴보면 자명하다. 아직도 대학의 서열이 엄존하고 있는 한국의 상황에서 학벌이 좋거나 집이 유복하여 어릴 때부터 조기유학 등으로 어학 실력이 출중한 사람들이 아무래도 대기업에 입사할 확률이 더 높고 실제로도 그렇다. 반면, 집안 사정으로 대학에 입학하지 못했거나 어학연수 등을 받을 수 없는 사람들은 비교적 대기업 입사가 제한될 수밖에 없다. 이런 상황에서 최저임금이 인상되면 저학력·무경험자가 혜택을 보기는 커녕 취업의 기회조차 얻지 못할 수 있다. 이렇게 되면 고학력자는 학력에 경험까지 쌓아서 노동시장에서 몸값이 더 오르고, 저학력자는 취업의 기회조차 얻지 못해 더 경쟁력이 떨어지게 될 것이다.

그러므로 최저임금 인상으로 피해를 보는 것은 기존의 강자가 아닌 이제 막 시작한 스타트업이나 벤처기업 및 사회초년생일 확률이 높다. 그것은 비록 눈에 명확히 보이지 않지만, 시장에 새로운 창업자가 나타나는 것을 방해하고, 기존의 사업을 하는 자에게 독·과점의 지위를 유지할 수 있도록 돕는 것이나 마찬가지이다. 그것은 이제 막 태어나기 시작한 신생 기업에는 족쇄와 같은 것이다. 사정이 이러한데도, 정부는 새로 사업을 시작하려는 젊은이에게 사업하기 어려운 환경을 조성하면서 공무원 수험생이 수십만 명이나 됨을 개탄하고 있다.

제12절 세계화에 따른 자본이동과 최저임금

굳이 '세계화'라는 거창한 말을 쓰지 않더라도, 이미 우리가 속한 경제 체제는 자국만을 고려하는 폐쇄경제가 아닌 타국과의 교역을 전제로 하는 개방경제이다. 우리가 현재 쓰고 있는 물품 중 순수하게 자국 영토에서 만들어진 것은 거의 없다. 이것은 교역의 산물이다. 그러나 우리가 단순한 무역이나 물건의 교환만이 아닌 개방경제라고 말할 때는, 단순히 물자와 같은 생산물만의 이동만을 말하는 것이 아니라 생산을 가능하게 하는 생산 요소의 이동도 포함한다. 전통적인 정치 경제학상 분류체계로 생산 요소를 분류하면, 생산 요소에는 토지, 노동, 자본 세 가지가 있는데, 이 중 제일 쉽게 이동 가능한 것은 자본이다. 일단 어느 한 나라에 속한 토지는 전쟁이나 조약 등으로 타국에 양도하지 않는 한 이동할 수 없다. 노동도 이론적으로는 이동하는 것이 불가능하지 않으나, 현실에서는 언어, 이동 비용, 문화·풍습, 법·제도와 같은 각종 규범, 인종 문제 등으로 인해 노동의 이동도 자유롭지 못하다.

그러나 자본의 경우는 사정이 다르다. 주식 시장에서 가장 약자인 개미 투자자조차 해외 주식을 언제든 사고, 팔 수 있으며, 자본의 규모가 클수록 더 높은 수익을 보장하는 것이라면, 주저 없이 이동할 것이다. 자본에 관한 철칙은 "더 높은 수익을 보장해주는 곳이라면 자본은 이동한다"라는 것이다. 앞의 제11절에서 해외로의 사업체 이전과 그에 따른 대응책으로 미국 트럼프 행정부나 유럽의 극우 정당이 내세우는 관세 인상, 법인세 인하를 중심으로 한 리쇼어링(Reshoring) 정책이나 반(反)이민 정책 등을 잠깐 언급하였다. 미국에서 나고 자라서 교육을 받은 미국인이 미국에서 창업한 회사일지라도 자국보다 훨씬 높은 수익을 안정적으로 보장해주는 곳이 있다면, 회사는 그곳으로 언제든 이동할 수 있다. 투자자는 10%의 수익을 가져다주는 자국 회사의 주식보다 100%의 수익을 가져다주는 타국 회사의 주식을 더 선호한다.

자본이 더 나은 투자 수익을 좇으면서, 그때까지 중산층을 떠받들고 번영의 토대가 됐던 제조업 일자리들이 선진국들을 빠져나가 저임금 지역으로 옮겨가기 시작했다. 이 같은 일자리 이동은 개발도상국들에는 더없이 좋은 기회였으며 경제적 번영이 시작되는 원천이기도 했다. 예를 들어, 중국의 경우 시장 개혁 덕에 무수한 제조업 공장이 자국 내에 세워지게 되었고, 이로 인해 세계의 공장이 되어 가난에서 벗어나 오늘날 G2의 위치에 서게 되는 계기가 되었다. 그러나 그것은 러스트 벨트(rust belt)로 대표되는 서방 국가들의 제조업 쇠퇴를 의미하는 것이었다.

세계화의 관점에서 경제 선진국들은 비숙련 근로자의 임금이 낮은 나라들과 더 많은 경쟁에 직면해 있다. 경제 선진국들의 비숙련 근로자에게 크게 의존하는 산업들은 후진국이나 개발도상국들의 그런 산업들과 경쟁에 있어서 우위를 잃어가고 있으며, 자국 내의 이러한 산업들은 사라지거나 아웃소싱으로 저임금 국가들에 넘어감으로써 비숙련 근로자들의 일자리는 사라지고 있다.

앞의 설명을 숙련 근로자들이 종사하고 고(高)부가가치를 창출하는 산업(이하 '숙련산업'이라 한다)과 비숙련 근로자들이 종사하고 저부가가치를 창출하는 산업(이하 '비숙련산업'이라 한다), 숙련산업이 우위에 있는 선진국인 A 국과 비숙련산업이 우위에 있는 개발도상국인 B 국으로 설명하면 다음과 같다.

〈표1〉

	A 국(부가가치, 임금)	B 국(부가가치, 임금)
숙련(고부가가치) 산업	(100, 70)	(70, 50)
비숙련(저부가가치) 산업	(40, 45)	(30, 5)

〈표2〉

	A 국(부가가치-임금)	B 국(부가가치-임금)
숙련(고부가가치) 산업	30	20
비숙련(저부가가치) 산업	-5	25

표를 설명하기에 앞서 미리 전제하고 있는 가정은 ① 각 산업에 속한 근로자는 다른 산업으로 이동하는 것이 제약된다는 것이고 ② 자본은 국가의 경계 없이 자유롭게 이동할 수 있다는 점이다.

<표1>의 괄호 안의 왼쪽 부분은 각 산업이 창출하는 부가가치를 수치화한 것이고, 오른쪽 부분은 그 산업에 종사하는 근로자의 임금

을 나타낸 것이다. <표2>의 수치는 <표1>의 부가가치에서 임금을 뺀 것으로 순수하게 자본에 대한 투자 이익으로 얻을 수 있는 부분이다.

<표2>에 따라 A 국의 숙련산업에서 자본이 거둘 수 있는 이익은 30이고, 그에 비해 B 국은 20이라면, 자본의 투자자는 B 국보다 A 국에 투자할 것이며, 숙련산업에 투하될 자본은 A 국으로 이동할 것이다. 그렇게 되면, 숙련산업에 우위가 있는 A 국은 숙련산업에 더욱 우위를 갖게 되며, B 국은 숙련산업 발전에 필요한 자본을 얻기 어려워 A 국과의 경쟁에서 더욱 어려워지게 될 수 있다. 그러나 A 국의 비숙련산업은 최저임금으로 인한 인건비 상승으로 투자 이익이 −5가 되었는데, 이는 B 국 비숙련산업의 25와 비교했을 때, 자본의 투자자에게 매력이 없는 것이 되어 비숙련산업에 투하될 자본은 A 국에서 B 국으로 이동할 것이다.

이것은 크게 두 가지 측면에서 불평등을 야기할 수 있다. 첫째, 국가 간 불평등의 심화이다. 한 국가가 부유해지려면 국가의 산업구조를 저부가가치 산업에서 고부가가치 산업으로 전환하여야 한다. 그러나 상황이 표에서 제시한 바와 같다면, B 국은 A 국과 같은 고부가가치 산업을 육성할 기회를 얻기 힘들어진다. 둘째, 국가 내 불평등의 심화이다. A 국 최저임금의 상승은 A 국 비숙련 근로자의 인건비 증가를 의미하고, 개방경제일 경우에 A 국의 숙련산업이 중간재를 A 국의 비숙련산업으로부터 구매하는 것이 아니라 값이 더 싼 B 국의 중간재를 구매하게 되며, 비숙련산업에 투하된 자본도 A 국에서 B 국으로 이동하게 된다. 이것은 A 국에서는 숙련 근로자는 더욱 부유해지지만, 비숙련 근로자는 일자리를 잃고 더 가난해져서 A

국 내에서 불평등이 심화하며, B 국에서는 고부가가치 산업에 종사할 수 있는 인재들이 일자리를 잃고 자신의 능력을 최대한으로 발휘하지 못한 채 저부가가치 산업에 종사하거나, 고부가가치산업에 종사하려면 A 국으로 이주하여야 할 상황이 발생할 수 있음을 의미하는 것이다.

제13절 '최저임금=근로자 보호'라는 미몽에서 벗어나자!

이제까지 살펴보았듯이, 최저임금은 ① 을끼리 싸움을 조장하고, ② 실업 및 물가상승을 유발하고, ③ 원래 범죄의 대상으로 삼기 어려운 부분을 범죄화하였고, ④ 과도한 행정비용을 야기하며, ⑤ 기업 측면에서는 대기업보다 중소기업이, 근로자 측면에서는 고학력·유경험자보다 저학력·무경험자가 더 큰 피해를 보게 하는 제도이다.

우리는 과학이 극도로 발달한 21세기에 살고 있다. 지구에서 쏘아 올린 물체가 지구 주위를 맴돌고, 알파고(AlphaGo)라 불리는 인공지능이 최고의 바둑기사를 제압하는 시대에 사는 것이다. 이렇게 훌륭한 지능을 가진 인간은 자신의 이해관계가 얽혀 있는 영역에 이르면 갑론을박 서로의 주장을 공격하기 바쁘다. 각자의 주장이 너무나 다양해서 도대체 무엇이 진짜인지 맞히기 위한 퍼즐 같은 느낌마저 든다. 그것은 인간이 갑자기 어리석어졌다기보다 사안이 너무 가까이 있기 때문일 것이다. 사과가 손바닥 위에 있을 때는 잘 보이지만, 얼굴을 가릴 정도로 눈에 가까이 갖다 대면 하나도 보이지 않게 되는 것과 같다.

최저임금제가 모든 근로자를 보호한다는 환상을 사람들이 갖는 것은 일면 당연하다. 시대와 나라를 불문하고 임금 생활자가 절대다수기 때문이다. 임금의 많고 적음에 이해관계가 걸려있다고 믿는 다수의 필요에 응해서 정치인들은 해마다 최저임금의 인상을 주장하고, 노동조합을 대표하는 노동계는 최저임금의 협상 테이블에서 그것의 인상을 본인들이 전쟁터에서 획득한 전리품처럼 자랑스럽게 무용담을 늘어놓는다. 그러나 눈을 가린 사과를 눈에서 멀리 떼어내어 냉정히 살펴보면 그것이 진실이 아님을 알 수 있다. 동생인 갓난아이의 생계를 형인 유치원생이 책임지지 못했다 하여 유치원생에게 체벌하는 부모는 부모의 자격이 없는 것이다.

제2장 해결방안

제1절 헌법 개정

헌법 제32조 제1항은 "모든 국민은 근로의 권리를 가진다. 국가는 사회적·경제적 방법으로 근로자의 고용의 증진과 적정임금의 보장에 노력하여야 하며, 법률이 정하는 바에 의하여 최저임금제를 시행하여야 한다."라고 하여 국가의 최저임금제의 시행 의무를 부여하고 있다. 그러므로 좌파정부가 들어서든 우파정부가 들어서든 정부는 최저임금제를 시행하여야 한다. 그러므로 최저임금제를 폐지하기 위해서는 개별 법률이나 조항을 삭제하는 방법으로는 할 수 없고, 반드시 헌법 개정을 통할 수밖에 없다. 그러나 헌법 개정은 수많은 시간, 절차적 복잡성, 국민적 합의를 도출해야 하므로 중·단기적으로 그것을 기대하기란 요원할 수 있다.

제2절 중·단기적 방안

헌법에 최저임금 항목을 둔 것은 분명 좋은 의도에서였을 것이다. 그러나 앞에서 살펴보았듯이 좋은 것이 더 좋은 것의 적인 상황이 되어버렸다. 이에 대한 대안으로 다음 세 가지를 제안하고자 한다.

첫째, 최저임금조항의 임의규정화이다. 임의규정이란 강행규정(強行規定)에 대비되는 말로서, 사회질서나 선량한 풍속과 관계가 없는 규정으로 법적 당사자의 합의로 법규의 적용을 배제할 수 있는 규정을 말한다. 임의규정의 위반은 부적법이 아니므로 행위의 효력에는 아무런 영향이 없다. 즉, 법이나 명령에서 최저임금을 8,000원으로 정하든 9,000원으로 정하든 간에 처벌 조항이 사라지고 이와 관련된 조항이 임의규정화되면 사용자는 거기에 따를 필요 없이 그보다 적게 주어도 처벌이나 제재가 없게 된다. 일종의 '권고'인 것이다.

둘째, 업종별 최저임금제의 시행이다. 당장에 헌법 개정을 통한 폐지가 어렵고 임의규정화되기도 어렵다면, 업종별로 최저임금제를 달리 적용하는 것이 필요하다. 독서실 총무와 공사장에서 힘을 쓰는 인부의 최저생계비가 같이 적용된다는 것은 현실 적응력이 떨어진다. 업종별로 최저임금의 액수와 적용을 달리해야 현실에서의 불합리와 부조리를 조금이나마 완화할 수 있을 것이다.

셋째, 최저임금제의 폐지를 위한 사회적·정치적 분위기의 조성이다. 이것은 매우 당연한 공염불 같은 소리처럼 들릴지 모르나 사실 가장 중요한 것이다. 특히, 최저임금조항의 임의규정화의 경우, 정부나 국회가 그것을 시행하고 싶어도 시민단체나 노동단체 또는 근로자가 헌법소원을 제기할 소지가 크다. 그래서 사안이 헌법재판소에까지 다다르면, 헌법재판소는 헌법적 가치에 따른 판단을 할 수밖에 없다. 헌법은 비록 국민의 권리·의무와 국가의 구조와 같은 것을 정해 놓은 사법적(司法的) 성격이 있는 나라의 근본법은 맞지만, 또한 정치 규범이기도 하다. 이것은 구체적으로 헌법의 해석이나 적용은 그 시대가 처한 사회·정치적 상황에 따라 달라질 수 있다는 의미이다. 일례로 간통죄·낙태죄의 폐지를 들 수 있다. 그러므로 최저임금조항의 임의규정화 과정에서 헌법적으로 다툼이 있을 때, 헌법 제32조 제1항이 넓게 해석될 수 있도록 사회·정치적인 분위기 형성이 필요하다.

그렇다면, 누군가는 최저임금제를 폐지하면 근로자의 권리는 어떻게 보호하느냐는 의문을 제기할 수 있다. 최저임금제의 폐지를 주장하면서 그에 대한 대안을 내놓지 않는다면, 최저임금제의 폐지는 영원히 요원한 것일 수 있다. 나는 그에 대한 대안으로 기본소득제의 전면적 실시를 제안한다. 기본소득제가 최저임금제보다 우월한 점은 ① 취업이 된 근로자뿐만 아니라 미취업자나 장애인 같은 비(非) 근로 계층도 그 혜택을 누릴 수 있고, ② 기본소득은 가격을 결정짓는 원가의 한 요소인 임금에 영향을 미치지 않기 때문에 물가에 직접적 영향을 끼치지 않고, ③ 그것이 국민 일반에게 돌아가는 혜택이 최저임금제보다 확실하다는 데에 있다.

제2편

기본소득에 대한 논의

적어도 이 책에서 정의하는 기본소득은 ① 일정 액수의 최저생계비를 현물이 아닌 현금으로 지급함으로써 국민의 생계를 실질적으로 보장하고, ② 이 최저생계비를 성별, 나이, 지역, 소득 유무와 관계없이 평생 받으며, ③ 이 지급액을 받는 사람이 처한 상황과 조건에 따라 그 액수에 차등을 두어 개인의 상황을 고려하는 지급을 하는 것을 말한다. 나는 최저임금을 없애고, 이러한 단순하지만 확실한 생계 보장을 위한 정액 급여가 사회에 미칠 변화와 그것을 실현하기 위한 수단에 대해 논하고자 한다.

제1장 기본소득을 지지하는 근거들

제1절 사회계약론적 관점에서 본 기본소득

우리에게 문자도 없고, 입을 옷도 없으며, 먹을 것이라곤 바닥에 떨어진 열매나 짐승의 고기밖에 없는 시대를 생각해보자. 그 시기에 인류는 추위와 배고픔에 떨었고, 짐승의 위협으로부터 자신을 지켜야 했으며, 한 곳의 먹을 것이 떨어지면 또다시 먹을 것을 찾기 위해 이리저리 떠돌아다녀야 했을 것이다. 그런 곳에는 축적이 있기 어려우므로 부(富)라는 개념도 성립하기 어려웠고, 서로가 의지하고 협동하지 않으면 사자나 매머드(mammoth) 같은 맹수나 큰 짐승으로부터 자신을 보호하거나 그것을 사냥하기 어려웠을 것이다. 따라서 사람들 간에 지위고하(地位高下)의 구분이 없었으며, 있다 하더라도 나이가 든 사람이 가진 지식·지혜·경험에 대한 존중 차원에 머물렀을 것이다.

그러나 기후가 변하고 사람들이 문자를 쓰는 법을 알게 되어서 기록하는 법을 알게 되고 고등한 사고를 할 수 있게 되었으며, 도구와 기술이 발달해서 사냥하지 않고 한곳에 정착해서 농사를 지어 살게 되었고, 한 해 수확물을 저장·축적할 수 있게 되어 부(富)라는 관념이 생기게 되었다. 도구와 기술의 발달로 생산량이 늘고 한곳에 정착하였으므로 인구가 늘게 되었고, 땅에 대한 소유의 관념이 생겨났다. 늘어난 인구는 부(富)와 소유의 귀속 관계를 둘러싸고 분쟁을 생기게 하였고, 자연 상태에 두면 서로 간의 분쟁을 중재할 자가 없어 투쟁 상태가 계속되므로 분쟁을 원만히 해결하기 위해 규정[14]이 생겨났다. 규정의 탄생은 그것의 집행이 보장되어야 실효성이 있으므로 개인들을 넘어선 집합체의 존재를 필요로 하게 되었다. 이것이 흔히 생각하는 국가의 기원이다. 따라서 개인은 국가의 존속을 위해

---

14) 고대에 존재했다고 여겨지는 함무라비 법전, 로마의 12표법, 그리스의 솔론의 입법, 고조선의 8조법 등의 내용을 보면 공통으로 개인의 사유 재산과 계급 분화 등이 생겨났음을 보여주고 있다. 예를 들어, 고조선의 8조법의 경우 '사람을 때린 자는 곡물로써 배상한다.', '남의 물건을 훔친 자는 노비로 삼는다.' 등의 내용 등이 이를 뒷받침한다.

개인이 자연 상태에서라면 본래 지니고 누렸어야 할 자유와 권리의 일정 부분을 공동의 이익을 달성하는 데 필요한 최소한의 한도 내에서 국가라는 집합체에 양도하게 된다. 이렇게 개개인이 양도한 자연적 권리 및 자유의 총합이 국가의 주권을 구성한다. 이러한 국가의 성립으로 개인이 양도한 권리는 다음과 같다.

첫째는 자력구제권(自力救濟權)이다. 자력구제란 법률상의 용어인데, 권리의 침해를 당한 자가 법률상의 절차에 의하지 않고 자기의 힘으로 침해당한 권리를 회복하는 행위를 말한다. 예를 들어, 누군가가 내가 가진 것을 빼앗으면 내가 나의 힘으로 다시 찾아오는 것이며, 누군가가 나를 때리면 나 또한 그를 때려서 권익침해행위를 방지하는 것이다. 근·현대법 체계에서 이 자력구제는 원칙적으로 금지되어 있다. 내 눈앞에서 소매치기를 당한다든가 누군가가 나에게 폭행을 가하여 긴급한 위기 상황에서의 정당방위와 같이 급박성이 인정되지 않으면 자력구제는 원칙적으로 인정되지 않는다. 타인으로부터 침탈당한 권리를 되찾고 싶으면 반드시 국가에 법의 이름으로 호소해야 한다. 이 자력구제권이 국가에 넘겨짐으로써 국가는 형벌권·재판권을 비롯한 여러 가지 권한을 갖게 되었다.

둘째는 안전에 대한 권리이다. 이것은 구체적으로 국방의 의무로 나타난다. 원래 자연 상태에서는 개인 간의 다툼은 있을지언정, 전쟁이라는 개념은 없었다. 전쟁은 국가가 존재한 후에 생겨나는 것이다. 국가라는 큰 집단의 탄생은 개인 간의 다툼을 막고 그 국가 내의 질서를 만드는 역할은 할 수 있었지만, 국가 간의 분쟁이라는 새로운 형태의 위기를 초래하였다. 국가 간의 분쟁이 극단에 치달으면 전쟁으로 귀결되며, 이것은 개인의 안전을 담보로 행해지는 것이다.

셋째는 재산에 대한 권리이다. 이것은 구체적으로 납세의 의무로 나타난다. 인간이 생존하기 위해서는 끊임없이 에너지를 공급받아야 한다. 부득이한 사정으로 음식을 섭취하지 못하게 되면 영양의 불균형을 초래하고, 굶어 죽거나 면역력이 약해져서 병들어 죽게 된다. 국가라는 유기체도 마찬가지여서 이 집단적 유기체가 존속하기 위해서는 자원이 필요하고 이 자원은 그것을 구성하는 개인들로부터 세금이라는 형태로 충당하게 된다. 국가라는 공동체가 없었으면 개인은 그가 스스로 취득한 재화를 온전히 자신의 복리(福利)를 위해 쓸 수 있었으나 국가가 성립된 후에는 그가 취득한 재화의 상당 부분을 국가에 헌납해야 한다.

넷째는 자연에 대한 접근권이다. 원래 자연은 만인에게 개방되어 있었다. 땅, 바람, 태양, 물, 곡식, 짐승 등은 인간이 존재하기 전부터 존재하던 것이었고, 국가가 성립되기 전의 자연인 상태의 인간은 그것들을 마음껏 자신이 원하는 대로 취할 수 있었다. 그러나 국가가 성립된 후에는 각 개인 간의 분쟁을 막고 국가의 행정 편의 등을 이유로 국가 내의 자연물(특히, 토지·하천) 등의 소유권을 정해주었고, 그 후 사과 하나, 풀 한 포기, 물고기 한 마리라도 얻으려면 반드시 소유권이라는 법적인 형식을 갖추어야 했다.

사회계약론에서는 국가라는 단체는 그것을 구성하는 개인들 간의 계약으로 만들어진 것이라 본다. 계약이란 무엇인가? 그것은 상호 간의 권리와 의무의 조합이다. 한 사람의 의무는 다른 사람의 권리이며, 그 반대도 마찬가지이다. 개인의 국가로의 권리 양도, 다른 말로 국가의 국민에 대한 의무의 발생은, 국가로 하여금 권한을 갖게 하였고, 국가의 권한은 국가의 계약상대방(국민)에 대한 의무를 전제로 해야만 그것의 정당성이 인정되는 것이다. 앞에서 본 바와 같이 국민은 국가에 의무를 이행하는데, 그에 따라 국가에 무엇을 청구할 수 있을지-즉, 국가는 국민에게 무엇을 어떻게 해야 하는지-를 살펴보기로 하자.

첫째, 개인이 자신을 보호할 수 있는 수단인 자력구제권을 국가에 반납하였으므로 국가는 그 권한을 공정하고 신속하게 행사하여야 한다. 현대국가는 법치국가이고, 침해된 개인의 권익은 법의 적용을 통해 이루어지므로 집행 이전에 법을 공정하게 적용하는 것도 공정하고 신속한 행사의 개념에 포함된다고 하겠다.

둘째, 개인은 생명의 희생을 통해서 국가라는 유기체를 외부의 침입으로부터 보호하므로 국가는 마찬가지로 개인의 생명과 안전을 다른 개인의 침입으로부터 보호할 의무가 있다. 이 의무는 구체적으로 국가의 치안의 의무라고 볼 수 있겠다.

첫째 의무와 둘째 의무 모두 개인의 권익 침해를 보호한다는 측면에서는 비슷하지만, 첫째 의무는 개인이 권익을 침해당한 후에 국가에 호소할 수 있는 것이므로 사후적·보충적인데 반하여, 둘째 의무는 개인의 권익이 침해되지 않도록 노력하여야 한다는 점에서 사전적·예방적이라고 볼 수 있겠다. 그러나 국가의 이와 같은 행위는 개인의 권익을 보호하려는 행위인 것은 맞지만, 그것을 실현하는 과정에서 역설적으로 개인의 권익이 불가피하게, 또는 필요 이상으로 침해당할 수 있으므로 남용되지 않아야 한다는 주의가 필요하다.

셋째, 개인은 국가라는 유기체가 영양실조 상태가 되지 않도록 납세의 형태로 그의 재산에 대한 권리의 일정 부분을 포기하였으므로, 국가는 개인이 굶어 죽지 않도록 조치해야 할 의무가 있다.

넷째, 개인이 당연히 누릴 수 있고 누려야 할 자연에 대한 접근이 제한되었으므로, 국가는 국가를 구성하는 모든 개인이 최소한 그것의 접근이 허용되었을 때와 동일한 효용을 누릴 수 있게 해주어야 한다.

기본소득은 어떠한 의무로부터 도출될 수 있을까? 우선 셋째 의무를 살펴보자. 장애인에 대한 사회복지 시스템이나 생활보호대상자에 대한 지원·고용보험·국민연금과 같은 각종 사회보험 등으로 이미 그 의무를 다하고 있다고 주장할 수 있다. 굳이 생계가 절박하지 않은 사람에게 생계를 보장하기 위해 돈을 지급할 필요가 있느냐고 반문할 수 있다. 그러나 국가의 셋째 의무와 대응되는 납세의 의무를 살펴보면, 이 의무는 국방의 의무와 마찬가지로 강제적이고 무조건적인 의무이다. 원칙적으로 그가 남자든 여자든, 능력이 있든 능력이 없든, 나이가 많든 적든 간에 평시든 전시든 무조건적으로 끊임없이 세금을 납부해야 한다. 국민의 납세 의무가 무조건적 의무라면 국가가 국민을 부양할 의무도 무조건적인 의무이어야 한다.

그러나 기본소득이 도출되는 가장 강한 근거는 넷째 의무와 관련되어 있다. 우선, 국가가 아직 성립되지 않았고 자연이 모두에게 개방되어 있으며 각 개인이 자신의 생존을 책임져야 하는 사회를 보자. 그곳은 기술도 보잘것없고, 인구도 부족하므로 분업도 제대로 이루어지지 않았지만, 자연이 자연인 모두에게 개방되어 있으므로 각자에게 필요한 의식주를 각자 스스로 조달할 수 있었다. 배가 고프면 나무의 열매를 채취하고, 옷이 필요하면 들판에 굴러다니는 짐승의 털을 깎고, 집이 필요하면 나무와 돌을 구해서 집을 짓거나 동굴을 찾아가 그곳에서 기거했다.

그러나 현대사회는 어떤가? 시내 어디를 나가 보아도 단순히 자연으로부터 원초적으로 생계 수단을 구할 수 없고, 반드시 화폐라는 수단을 매개해야 그것을 얻을 수 있다. 최저임금을 논할 때, 경제의 본질을, 특히 교환의 본질을 물물교환이라 했지만, 이것은 경제 이론적 측면에서만 의미 있는 설명이다. 현실에서는 굶어 죽지 않기 위해 컵라면 하나를 얻으려 해도 반드시 나의 노동력을 교환해서 화폐를 얻은 후에라야 컵라면으로 끼니를 때울 수 있다. 내가 굶어 죽지 않기 위해 빵을 먹으려면 자연으로부터 밀을 먼저 얻어야 한다. 그런데 자연을 소유하고 있는 사람이 밀 제공을 거부하면 나는 굶어 죽을 수밖에 없다. 또한, 현대사회가 고도로 분업화된 사회라서 생산량이 비약적으로 늘어나고, 사회 전체의 생활 수준이 윤택해졌지만, 바로 그 이유로 사람들은 사회에 종속적인 인간이 되었다. 한평생을 IT 기술만 익혀온 기술자는 IT 기술을 필요로 하는 사회가 없으면 스스로 생계를 꾸려나갈 기술이나 능력이 부족하다. 그는 스스로 집을 지어본 적도 없고, 사냥을 해 본 적도 없고, 농사를 지어본 적도 없으며, 옷을 만들어 본 적도 없다. 그러한 IT 기술자가 직장에서 해고되었다는 것은 단순히 일자리를 잃은 것이 아니라 생존권이 박탈당한 것이나 마찬가지이다.

인간은 원래 생산할 수 없다. 밀을 빵으로 바꿀 수 있지만, 밀 자체를 만들 수 없다. 즉, 인간은 무에서 유를 창조해 낼 수 없다. 그런 창조는 신(神)만이 할 수 있는 것이다. 인간들이 말하는 생산이란 단지 자연물의 변형이나 전환일 뿐이다. 질량보존의 법칙에 따라서 인간은 지구상의 모든 물체를 하나도 더 하거나 뺄 수 없다. 빵을 만든다는 것은 밀을 변형한 것에 불과하며, 설탕은 사탕수수를, 집은 나무와 돌과 쇠를 변형한 것에 지나지 않는다. 원시인 및 미개인과 문명화된 현대인과의 차이는 자연물을 전환하는 기술이나 능력의 차이라고 해도 과언이 아니다. 나무를 변환하는 능력에 있어서, 원시인은 원초적이고 초라한 초가집이나 사냥 및 전쟁하기 위한 활을 만드는 정도에 그치지만, 문명화된 현대인의 전환 능력은 나무를 책으로 만들 수 있다. 금속 물질을 변환하는 능력에 있어서, 원시인은 기껏해야 철제 농기구나 이웃 부족과의 전쟁에 필요한 창, 칼 따위 등을 만드는 것이 고작이지만, 문명화된 현대인은 그것으로 우주선을 만들고, 핵무기를 만든다. 인명(人命)이나 자연을 살상하고 파괴하는 측면만 본다면 문명화된 현대인이 미개인보다 훨씬 야만적이다. 또한, 윤리·도덕 규범의 영역에서조차 이 둘 간의 차이는 그리 크지 않다. 미개인 또한 그들의 부모를 봉양할 줄 알고, 그들의 족장을 존경할 줄 알며, 그들 부족의 오래된 전통과 규율을 매우 잘 지키고 따른다. 그러나 확실한 것은, 미개인이든 문명인이든 자연물 자체가 그들에게 주어지지 않는다면 생산할 수 없고, 가장 처참한 상태로 추락한다는 사실이다.

만약, 누군가가 사람들이 마시는 물이나 공기를 사유화하는 데 성공한다면 그는 그를 제외한 다른 사람의 생살여탈권을 쥐고 있는 것이나 마찬가지이다. 이것은 우리의 가장 중요한 생활수단인 토지에도 당연히 적용되는 진리이다. 토지는 만물을 진정으로 생산해내는 근원이며 만물이 죽으면 돌아가는 안식처이다. 그러나 이 토지라는 자연물은 대표적인 사유화의 대상이 되어버렸다. 한 섬에 갑, 을, 병, 세 사람이 살고 있고 이 섬은 외부와 완전히 차단되었다고 하자. 갑은 그 섬의 지주이고, 나머지 을, 병은 그에게 소작료를 지불하는 소작인이다. 이론상 갑은 을과 병이 노동을 통해 모은 모든 성과물을 그들의 생존에 위협이 되지 않는 선에서 전부 가져갈 수 있다. 섬의 주인은 갑이기 때문에 그 주인인 갑이 그 섬에서 나가라고 하면, 을과 병은 물에 빠져 죽을 수밖에 없기 때문이다. 을과 병은 죽지 않기 위해서 갑에게 그들이 할 수 있는 최대한의 것을 지불해야 한다.

자연물에 대한 접근에 대하여 생각해보아야 할 것이 있다.15) 한 섬에 갑, 을, 병, 세 사람이 있는데, 그 섬에서 유일하게 식량을 얻는 방법이라고는 감자밭에서 감자를 채취하는 것이 유일하다고 하자. 이 섬은 그들이 바다를 건너다가 조난을 당해 우연히 표류하게 된 곳으로서 이 세 사람 외에는 아무도 없다. 그 섬의 토지 및 그로부터 생산되는 생산물은 원칙적·잠재적으로 공유 상태이다. 만약, 그렇지 않고 섬의 토지가 갑의 개인 소유라고 한다면 을과 병이 그곳에서 감자를 채취하는 것이 허용되지 않을 것이고, 을의 개인 소유라면 갑과 병이 감자를 채취하는 것이 허용되지 않을 것이고, 병의 개인 소유라면 갑과 을이 감자를 채취하는 것이 허용되지 않을 것이다. 감자밭에 감자가 무한히 많은 경우에는 갑이 그곳에서 마음껏, 자기 능력에 따라 채취하는 만큼 자기 것이 되고, 나머지 을, 병도 마찬가지이다. 이런 상황에서는 노동력의 투입에 대한 대가로 갑, 을, 병의 사유가 허용된다.

그러나 섬에 기근이 들어 단 하나의 감자만 얻을 수 있게 되었다고 하자. 이 상황에서도 자신의 능력에 따라 분배하는 것이 맞을까? 그래서 먼저 감자를 캔 자가 그것을 오롯이 전부 차지하는 것이 맞

---

15) 여기서 드는 예는 존 로크(John Locke, 1632-1704)의 저서인 『Two Treatises of Government(약칭 통치론)』에서 언급된 예를 재구성한 것이다.

을까? 우리의 자연적 도덕관과 정의관은 그것이 옳지 않다고 가르친다. 집단 구성원의 생존이 위협받으면 능력에 따른 자원의 사유(私有)는 허용되지 않고, 다시 감자는 모두의 것, 즉, 공유가 된다. 그러므로 재산 형태의 원칙적 형태는 공유이며, 사유는 예외적으로 허용되는 것이다. 비유컨대, 최저 생존은 헌법이고, 사유는 개별법이라 할 수 있다. 사유라는 재산 형태는 평소에 우리 삶의 모습이다. 그러나 사회 구성원 모두의 최저 생존 문제와 결부될 때는 사유는 제한되고, 최저 생존이라는 헌법에 위헌법률심판에 걸려서 다시 원래의 모습인 공유의 형태로 돌아가게 된다. 이 원리는 개인의 자유는 원칙적으로 제한 없이 허용되나, 타인의 자유를 침해하는 정도에 이르러서는 제한된다는 원리와 궤를 같이한다.

자연물에 인간의 노동을 투입하면 그것이 그 노동을 투입한 사람의 것이 되며, 이렇게 획득된 재산은 철저히 보호받아야 한다는 주장이 있다. 나무의 열매는 그 열매를 딴 자의 것이고, 바다나 강의 물고기는 그 물고기를 포획한 자의 것이라는 우리의 관념은 이러한 주장을 쉽게 받아들일 수 있게 해준다. 그러나 무엇이 노동력의 투입인가? 갑이라는 사람이 사과나무의 사과를 따서 집으로 가고 있다. 그는 힘을 들여 나무에 올라가서 사과를 딴 후에 의기양양해 하고 있다. 그런데, 집으로 가는 도중에 을이라는 사람이 와서 그 사과를 을 자신에게 내놓으라고 한다. 갑이 황당해서 이유를 물으니, 을은 "당신이 따간 사과의 나무는 내가 어제부터 지금까지 원숭이의 습격으로부터 지키고 있던 나무입니다. 이 나무에는 나의 노동력이 투입되었으니, 당신은 이 사과를 가져갈 자격이 없습니다."라고 주장한다. 이러한 상황에서 사과는 갑의 것일까? 을의 것일까? 또는,

병이라는 사람이 갑과 을이 논쟁하는 중에 그 사과를 훔쳐 가면 그 사과에 병의 노동력이 투입되었으므로 병의 것이라고 할 수 있을까? 논리를 확장해서, 지금 내가 길을 걷고 물에서 수영하는 것도 지구라는 행성에 노동력을 투입하는 것이니까 지구를 내 것이라 선언해도 괜찮은 것일까?

결론부터 말하면, 자연물에 인간의 노동을 투입하여도 그것이 당연히 인간의 것이 되지 않는다. 자연은 소유라는 관념을 알지 못한다. 자연은, 문자 그대로, 스스로(自) 그러한(然) 것이다. 그것은 원래 누구의 소유물이 아니다. 자연, 더 구체적으로 지구라는 행성은, 인간이 있기 전부터 존재했다. 지구가 있고 인간이 있게 된 것이지, 인간이 있고 지구가 있게 된 것이 아니다. 인간은 흙에서 와서 흙으로 돌아간다. 토지는 우리를 낳아준 부모이다. 부모가 자식의 원천적 소유의 대상이 될 수 있는가? 따라서 지구상에 존재하는 모든 자연물은 원천적이고 자연권적 의미의 소유 대상이 될 수 없다. 소유, 즉, 사유 재산이라는 관념은 인간이 만들어낸 것이다. 그것은 인간들 사이의 규칙이며, 계약인 것이다. 갑, 을, 병 모두 사과에 그들의 노동력을 투입한 것은 맞지만, 병의 행위는 사회적으로 정당한 것으로 인정되지 않는다. 어느 사회를 막론하고, 먼저 점한 자의 것을 후에 가져가는 것은 인정되지 않는다고 '약속'했기 때문이다. 이것은 선점(先占)의 논리에 지나지 않는다. 선점한 자의 것을 그 사람의 것으로 인정해주지 않으면, 사회는 분쟁이 생기고, 무법천지가 될 것이며, 부(富)의 효율적 생산이 어려워지기 때문이다.

이러한 약속, 즉, 계약을 사회 구성원 상호 간에 맺게 된 것은 그 계약이 모두에게 유익하다고 보았기 때문이다. A와 B가 계약을 맺었는데, B가 자연물을 A의 사유로 삼는 데 동의해 준 것은 이 계약이 B 자신에게도 도움이 될 것이라 여겼기 때문이다. 이 계약이 B에게만 일방적으로 불리하다면, B는 이 계약을 취소할 권리가 있다. 이것은 계약이라는 성질로부터 당연히 도출되는 것이다.

이러한 자연적 정의는 우리 사회의 자원 분배에 대한 원칙에서도 적용되어야 한다. 원래, 국가의 보호가 인정되는 사유 재산이나 토지와 같은 자연물의 국유화·사유화는 국가가 탄생하고 나서 생기게 된 것으로 이것은 사회계약의 산물이다. 그러나 자연물을 사유화하는 계약이 성립했다고 해서 개인의 생존에 대한 권리까지 양도한 것은 아니지 않은가? 국가의 권한, 곧 법은 사회 구성원 각각의 개인적 자유 중 최소한의 것을 모아놓은 것이다. 이 개인적 자유의 총합은 국가 권력이 정당성을 갖는 근거이며, 한계가 된다. 인간이 누릴 수 있는 권리 및 자유 중 최소한의 것만을 사회에 양도하였는데, 어떻게 그들이 최대의 권리인 생명에 대한 권리를 양도하였겠는가? 사유재산제라는 계약의 형식은 사회계약의 목적이 아니라, 목적에 이르기 위한 수단이다. 생명에 대한 권리는 자연권이지만, 재산에 대한 권리는 사회계약으로부터 도출되는 권리이다. 원래 모두의 공유이던 자연물을 사유화하기로 한 계약에는 그것이 모두에게 이익이 된다고 여겨졌기 때문에 그러한 계약이 성립된 것이다. 그러므로 개인의 생존을 배려하지 않는 자연물의 사유화는 계약 위반이 되어 무효나 취소의 대상이 될 수밖에 없다. 이 계약이 존속되려면 자연물에 대한 사유화의 혜택을 받지 못한 자에게도 그 혜택이 돌아가야 한다.

결국, 사회를 구성하는 각 개인의 완전한 자유가 보장되려면 우선 모든 사회 구성원의 최저 생존이 먼저 보장되어야 한다. 최저 생존 보장이 먼저이고, 자유는 그다음인 것이다. 이 말을 반대로 해석하면, 각 사회 구성원의 최저 생존이 보장되면 완전한 자유를 추구해도 된다는 말과 같다. 완전한 자유는 생존의 보장과 같은 의미가 되는 것이다. 이러한 원리를 기본소득에 대해 적용하면 기본소득은 각 사회 구성원의 최저 생존을 사전적으로 보장함으로써 각 사회 구성원이 나머지 사회 구성원들의 생존 문제에 대해 신경을 쓰지 않고 자유를 추구할 수 있게 해주는 제도라고 할 수 있다. 그러므로 기본소득은 평등의 문제가 아닌 생존과 자유의 문제인 것이다.

혹자는 "최저 생존의 보장은 실업급여와 같은 사회 보장제도가 있으니 기본소득이 군이 필요하겠는가?"라고 반문할 수 있다. 기본소득과 사회보장의 차이점은 무엇일까? 여러 가지 차이가 있겠지만, 가장 두드러지는 차이점은 기본소득은 사전적인 최저 생존의 보장이고, 사회 보장제도는 사후적인 것이다. 만약, 사회보험과 같이 사후적인 생존 보장 시스템으로 사회를 운영하게 되면, 필연적으로 개인의 자유를 구속하는 구조로 갈 수밖에 없게 된다. 앞서 든 섬의 예에서는 섬의 감자를 놓고 세 사람이 어떻게 그것을 가지느냐 하는 문제였지만, 사회가 커져서 그 사회의 인구가 적게는 몇천만에서 몇억을 상회하는 사회에서는 각 개인이 처한 상황을 알기 어렵다. 그것은 지금의 사회보장 시스템만 보아도 알 수 있다. 사회 보장제도의 도움을 받으려면, 먼저 생계의 어려움에 처한 개인이 국가나 그가 속한 지방자치단체에 그러한 사실을 알려야 한다. 그리고 국가나 지방자치단체는 심사를 통해서 그러한 도움을 줄지 말지를 결정한다.

이러한 상황을 앞에서 예를 든 감자의 분배 문제에 적용해보자.

섬의 인구가 세 명이 아니라 천 명이 된 상태에서 능력에 따라 감자를 갖도록 섬의 규정을 정하게 되면, 감자를 본인의 필요 이상으로 많이 가져간 사람도 있겠지만 일신상의 사정으로 하나도 갖지 못해 굶주리고 있거나 이미 죽은 사람도 있을 것이다. 이 섬의 통치자가 합리적이고 도덕적이며 정의감에 불타는 사람이라면 반드시 많이 가져간 사람의 감자를 반환하라고 요구할 것이다. 그리고 다시는 이러한 일이 발생하지 않도록 사후적으로 개인의 경제적 자유를 제한하는 장치를 여기저기 마련할 것이다. 그러나 이 과정에서 섬의 규정을 믿고 경제활동을 해왔던 사람들은 위축되고 혼란에 빠질 수밖에 없다. 감자를 캔 것은, 어찌 되었든 본인의 노력으로 캔 것이다. 그것을 사후적으로, 이유야 어찌 되었든, 빼앗기게 되었다. 그는 감자를 캐면서 항상 본인이 캔 것을 빼앗길 수도 있겠다는 불안감을 지니고 감자를 캐야 하며 그 과정에서 감자를 몰래 숨기거나 빼돌리는 행위도 발생할 수 있다. 그러면 통치자는 다시 그러한 행위를 막기 위해 규정을 더 복잡하게 만들어야 하며, 이 과정에서 개인의 경제적 자유는 더 침해당하게 된다.

그러나 각 개인에게 생존에 필요한 감자를 미리 배분한다면 상황은 달라진다. 감자를 각 개인이 굶어 죽지 않도록 미리 분배했기 때문에, 각 개인은 이제 다른 사람의 생존 문제에 대해 신경을 쓰지 않고 마음껏 경제적 자유를 추구할 수 있게 되며, 굶어 죽을 수 있었던 사람을 사전적으로 죽음의 위기에서 구할 수 있게 된다. 결국, 사후적으로 개인의 자유를 제약할 필요가 없어지게 되는데, 사회의 자원을 사전적으로 최저생계를 위해 사회 구성원에게 먼저 분배했기 때문에 완전한 자유의 추구가 가능해진 것이다. 그러나 실업급여

같은 사회 보장제도는 철저히 사후적이다. 또한, 그것의 지급 여부는 원칙적으로 국가의 재량에 달린 것이다. 즉, 받을 수도 있고 못 받을 수도 있는 것이다. 최저 생존의 보장이 당연한 권리가 아닌 시혜의 영역으로 옮기게 되면, 시민 사회는 자주성을 잃고 종속적이게 되며, 때에 따라서 자유 시민에게서 나오는 덕성(德性)과 그것에서 나오는 올바른 판단을 기대할 수 없게 된다. 지금은 선진국인 독일 국민조차 사는 것이 팍팍하고 힘들 때, 나치의 달콤한 속삭임에 귀를 기울인 적이 있다.

이제까지의 내용을 정리하면, 생존권은 자유권보다 앞서는 것이며, 생존권인 기본소득을 보장한 후에야 완전한 자유의 추구가 가능한 것이라 할 수 있다.

제2절 심리학적 관점에서 본 기본소득

기본소득제의 시행을 반대하는 주장의 주요 근거는 기본소득의 실시로 인한 근로의욕의 감퇴를 들고 있다. 이러한 주장은 다음과 같이 요약할 수 있다. "택시 기사가 먹고살 만해지면 택시 운전을 그만둘 것이고, 버스 기사가 먹고살 만해지면 버스 운전을 그만둘 것이며, 교사가 먹고살 만해지면 강의를 그만둘 것이다. 이런 현상이 확산하면 사회는 마비된다. 그러므로 사람이 부지런해지려면 항상 자극을 받아야 하며 결핍은 행동을 불러일으키는 가장 중요한 동기이다."

이러한 주장은 경제학에서도 거듭 확인되고 있다. 경제학에서 재화를 분류할 때 크게 정상재와 열등재로 분류한다. 정상재는 소득이 증가할수록 그에 따른 소비도 같이 증가하는 재화이고, 열등재는 소득이 증가할수록 그에 따른 소비가 감소하는 재화이다. 또는 반대로 소득이 감소함에 따라 소비도 감소하면 정상재로, 소득이 감소함에 따라 소비가 증가하면 열등재로 정의해도 된다. 예를 들어, 일반 사원일 때 중고차를 끌고 다녔지만, 부장으로 승진함과 동시에 고급 승용차로 바꾸었다면 중고차는 열등재이고 고급 승용차는 정상재이다. 그런데 경제학에서는 자동차와 같은 눈에 보이고 만질 수 있는 물건도 재화일 뿐 아니라 '여가'와 같은 눈에 보이지 않고 만질 수도 없지만, 분명히 사람에게 효용(만족)을 주는 것도 재화로 본다. 이 여가라는 재화를 경제학에서는 대개 정상재로 보아 소득이 높아질수록 그에 따라 근로의욕이 감퇴하는 것으로 설명한다. 따라서 일반 시민부터 경제학자, 정치가에 이르기까지 복지, 특히 무조건부 복지에 대해 때에 따라 필요하다고 느끼면서도 그것의 전반적인 실시에 대해서는 망설이고 있다.

이에 대해 여러 가지 의견이 있을 수 있다. 첫째는 앞에서 언급한 이유로 복지의 확대를 반대하는 부류로서 "사람은 게으르고 나약한 존재이므로 항상 자극이 필요하며 당연히 무조건 개인의 생계를 국가가 책임져서는 안 된다. 이러한 인간의 본성을 알려면 멀리 갈 것도 없이 북한과 같은 공산주의 국가를 보면 된다. 근로에 따른 보상이 주어지지 않고 국가가 배급제를 시행하니 저 모양 저 꼴이 된 것이 아닌가?"라는 주장으로 요약된다. 둘째는 복지의 필요성을 찬성하는 부류로서 "근로는 하나님이 주신 신성한 소명(calling)이며, 나병 환자를 돕기 위해 힘쓰는 간호사·수녀나 죽음의 위험을 무릅쓰고 불길 속을 뛰어드는 소방관처럼 근로의 직접적 보상 여부와 관계없이 그들의 소명에 따라 일하는 사람이 이 세상에는 많고 그것이 원래 인간의 본성이다. 그러므로 단순히 경제적 보상이라는 관점으로 그들을 평가해서는 안 되며 이분들의 일을 덜어주고 송파 세 모녀 사건16)이나 역도 금메달리스트의 죽음17)같은 비극적인 일이 일어나지 않도록 국가가 국민의 복지에 신경 써야 한다."라는 주장으로 요약된다. 셋째는 근로에 대한 태도는 사람마다 다르므로 복지 또한 사람에 따라 달라야 한다는 주장이다. 근로에 대한 사람들의 태도를 보는 이들의 관점은 각각 성악설(性惡說), 성선설(性善說), 성무선악설(性無善惡說)로 볼 수 있겠다.

근로에 대한 사람들의 태도는 그들의 마음이나 욕구의 영역이므로 사회의 단편적인 현상만을 보고 옳고 그름을 따지기보다 심리학적 관점에서 더 깊이 고찰해야 할 필요가 있다. 이렇게 해야 더 전문적이고 깊이 있는 해답이 도출될 수 있기 때문이다. 또한 사회를 구성하는 것은 개인이므로 사회가 발전하고 잘 유지되려면 각 개인의 잠재력이 모두 발휘되어야 한다. 한 교실의 평균 점수가 오르려면 그 교실에 각 학생의 점수가 올라야 하는 것과 같다. 사람들의 근로의욕 감퇴를 두려워하여 복지의 확대를 경계하는 입장에서도 어려운 사람을 무조건 돕지 말자는 것이 아니며, 복지의 확대를 주장하는 입장에서도 국가의 경제발전이나 효율성을 무시하는 것은

---

16) 2014년 2월 서울 송파구 석촌동의 단독주택 지하 1층에 살던 박 모 씨와 두 딸이 생활고로 고생하다 결국 스스로 목숨을 끊은 사건. 사회안전망의 한계를 드러낸 대표적 사건으로 주목받음

17) 김병찬 선수의 죽음. 1990년 아시안 게임에서 금메달을 획득했다. 1996년 소형 오토바이를 타고 가던 중 불의의 사고로 머리를 다치고 하반신이 마비되면서 선수 생활을 은퇴했고, 이후 일정한 직업이 없이 홀어머니와 단 둘이 생활하면서 대한체육회에서 매월 지급하는 메달리스트 연금 52만 5천 원으로 생계를 유지했다. 2013년에는 자신을 돌보던 어머니가 세상을 떠난 후 국민기초생활 보장법에 의한 수급자로 선정되었음에도 불구하고 자신이 받는 메달리스트 연금이 보건복지부의 최저생계비 지급기준인 49만 9천 원보다 3만 원 정도 많다는 이유로 메달리스트 연금 외에 월 10만 원 정도의 의료급여 및 주거급여만을 추가로 받으며 극심한 생활고에 시달리다가 2015년 6월 26일, 강원도 춘천시 후평동 자신의 집에서 숨진 채 이웃 주민에 의해 발견되었으며 사인은 위장 출혈로 알려졌다.

아닐 것이다. 단지 중심점을 어디에 더 두느냐의 차이일 것이다. 양쪽 모두 개인의 잠재력이 최대한 발휘되어서 사회가 발전하는 데에는 모두 동의할 것이다. 다만, 전자는 개인을 지원해주면 그만큼 자력으로 일어나려는 의지를 꺾기 때문에 바람직하지 않다고 보는 것이고, 후자는 지원을 필요로 하는 사람에게 지원해주어야 그들이 잘 발전할 수 있다고 보는 것이다.[18] 그렇다면 각 개인의 잠재력이 잘 발휘되려면 어떻게 해야 할까?

오늘날 심리학뿐만 아니라 경영학, 사회학을 비롯한 모든 사회과학에 지대한 영향을 미친 욕구 단계 이론의 선구자인 에이브러햄 매슬로(Abraham H. Maslow, 1908-1970)는 그의 동기이론에서 인간의 욕구란 만족시킬 수 없는 것이며 하나의 욕구가 채워지면 그다음의 다른 욕구가 생긴다고 하였다. 욕구 5단계 이론으로 불리는 그의 전제 및 주장을 열거하면 다음과 같다.[19]

① 개인은 통합적이고 유기적인 존재다.
② 전형적인 욕망은 사람 전체의 욕망이다.
③ 부분보다는 궁극을, 수단보다는 목적을 고려하라.
④ 근본적이고 무의식적인 목표로 삼기에 의식적이고, 특수하고, 부분적인 욕망은 그리 유용하지 않다.
⑤ 대부분의 행동에는 한 가지 이상의 동기가 있다.
⑥ 사실상 유기체의 모든 상태는 동기화된 것으로 이해해야 한다.
⑦ 인간은 무언가를 끊임없이 원하는 동물이다.

---

18) 뇌사상태에 있는 사람처럼 그에게 병원비 혜택 등의 도움을 주어도 발전 가능성이 없으니 그들에 대한 지원은 발전 가능성이라는 대가를 바라고 지원하는 것이 아니라, 인도적 차원에서 지원한 것이 아니냐는 이론이 있을 수 있다. 그러나 뇌사상태의 환자에 대한 지원은 그에 대한 지원의 성격도 있지만, 그의 가족에 대한 지원도 된다. 한 명의 중병환자가 있음으로 인해서 한 가족이 절망적인 상황에 빠지는 경우가 얼마나 많은가?
19) 『매슬로의 동기이론』 에이브러햄 매슬로 저, 소슬기 옮김, 유엑스 리뷰

⑧ 추동(推動)을 단순 나열한 목록이 유용하지 않은 이유는 너무도 많다.

⑨ 동기를 분류할 때는 자극적인 추동보다는 목적에 기초해야 한다.

⑩ 동기이론은 동물 중심이 아닌 인간 중심으로 정립해야 한다.

⑪ 유기체가 반응하는 상황이나 '장(field, 場)'을 고려할 때는 역동적인 해석을 참고해야 한다.

⑫ 유기체의 통합적인 성질뿐 아니라 고립되었거나, 특수하거나, 부분적이거나, 단편적인 반응이 나올 가능성도 고려해야 한다.

5 단계 : 자아실현의 욕구(The Need for Self-Actualization)
4 단계 : 자기 존중의 욕구(The Esteem Needs)
3 단계 : 사랑의 욕구(The Love Needs)
2 단계 : 안전 욕구(The Safety Needs)
1 단계 : 생리적 욕구(The Physiological Needs)

위의 ①~⑫까지는 바로 다음의 욕구 5단계 이론을 설명하기 위한 기본 전제로 볼 수 있다. 지면 관계상 모든 내용을 다 검토할 수는 없고, 내용을 이해하는 데 필요한 몇 가지만 보면 다음과 같다.

③의 명제는 욕구 중에도 수단 욕구가 있고 목적 욕구가 있음을 말한다. 어떤 사람이 자동차를 사기 위해 돈을 갖고 싶어 한다. 그런데 자동차가 필요한 이유는 자동차가 있는 타인에게 열등감을 느끼지 않으려고, 애인으로부터 존경과 사랑을 받으려고 하는 등의 이유로 돈을 갖기를 원한다. 그렇다면 돈을 갖기를 원하는 이유는 생리적 욕구나 안전 욕구의 부족으로 간주하기보다 사랑의 욕구나 자기 존중 욕구의 결핍으로 보아야 한다. 또는 식단 조절을 하면서 근육을 비대하게 키우는 목적이 이삿짐을 나른다든가 타인과 싸우기 위함이 아닌 것과 같다. 따라서 돈, 몸, 물질에 집착한다고 해서 그 사

람의 욕구 체계가 일차원적이거나 단순한 데에 머물러 있다고 섣불리 판단해서는 안 된다. 이렇게 대개 의식적인 욕망 뒤에는 더 근본적인 목표가 있다.

④의 명제는 ③의 연장선에 있는데, 겉으로 보기에는 서로 달라 보이는 행위 양식이지만 욕망의 근본 목적은 같은 것일 수 있다는 의미이다. 학업 성취력이 다소 떨어지는 학생이 운동하여 근육을 뽐내는 것이 몸이 마르지만 학업 성적이 좋은 학생에 대한 열등감을 극복하기 위한 수단이라면, 공부하는 학생이나 운동하는 학생이나 모두 자존감을 추구하고 있다고 보아야 한다. 각자가 취할 수 있는 가장 빠르고 효율적인 수단을 사용한다는 점에서만 다를 뿐이다.

⑤의 명제는 한 가지 행동을 결정하는 데에는 다른 외부적 환경 요인을 배제하고 오직 개인의 심리적 요인만을 고려하더라도 다양한 요인이 섞여서 결정됨을 말한다. 성적인 행위를 예로 들면, 성적 행위와 의식적인 성욕의 기저에는 복잡한 무의식적인 목적이 있을 수 있다. 누군가에게는 자신의 남성성을 확인하려는 욕망일 수 있고, 과시욕일 수 있고, 친밀감이나 우정에 대한 욕망, 안전에 대한 욕망, 사랑에 대한 욕망일 수 있으며, 이것들이 모두 혼합된 욕망일 수 있다. 그러나 겉으로 보이는 모습은 유사하기 때문에, 그 행위를 하는 자신이나 보는 사람은 그 행위를 하는 동기 역시 같으리라고 착각하기 쉽다. 여기서 '다른 외부적 환경요인을 배제하고'라는 말은 행동을 결정하는 요인은 심리적 동기 외에도 다른 외부적 요인이 있다는 의미이다. 이것은 결혼을 결정하는 행위를 보면 쉽게 알 수 있다. 성욕을 채우기 위해서, 안정감을 얻기 위해서, 사랑하거나 사랑받고 싶은 심리적인 동기로 결혼을 결정하기도 하지만, 단순히 사회적 규

율을 따르기 위해 또는 비즈니스적인 이유로 결혼을 결정할 수도 있는 것처럼 사회 속의 인간은 오직 본인의 심리적 동기로 어떤 행위를 결정할 수 있는 경우는 많지 않다. 이 점은 후술할 ⑪과 관계가 있다.

⑦의 명제는 사람은 끊임없이 욕망하는 동물이며 아주 잠깐을 제외하고는 완벽하게 만족한 상태에 이를 수 없음을 말한다. 한 가지 욕망이 충족되면 또 다른 욕망이 그 자리를 차지한다. 이때, 앞에서 언급한 강도 또는 단계에 따라 욕망이 드러나는 순서가 정해진다. 늘 굶주리거나, 재난의 위협을 끊임없이 받는다면, 경제적 이익과 관계없이 시를 쓰거나 작곡을 하거나 수학·과학의 체계를 만들거나 하는 등의 욕망이 생기기 어려워짐을 의미한다. 그러므로 무언가를 원한다는 것 자체가 그 전의 다른 욕구를 만족시켰음을 뜻한다.

⑪의 명제는 인간의 행동에는 그의 심리적 동기뿐만 아니라 그가 처한 사회·문화적 환경에도 영향을 받는다는 의미이다. 예컨대, '용기'의 측면을 살펴보면, 아마존의 부족에게 있어서 용기는 다른 부족 간의 전쟁 시 용감하게 싸우는 전사의 모습을 이상적인 것으로 생각한다. 그러나 문명화된 사회에서 그런 모습은 국가 간 교전 중인 경우를 제외하고는 비이성적이고 자제력을 잃은 모습으로 평가될 것이다. 오히려 불길 속을 뛰어드는 소방관의 모습을 더 용감하다고 여길 것이다. 또한, 같은 문명화된 사회라도 그가 처한 사회적·직업적 상황에 따라서도 달리 평가될 수 있다. 변호사에게 있어서의 용기는 소송의 승패나 수임료의 액수와 관계없이 부당함에 맞서서 약자들을 변호하는 모습이며, 권투 선수의 용기는 본인보다 체급이나 기량이 더 높은 상대와의 대결을 의미할 것이다.

기본 전제가 정해졌으니, 욕구 단계 이론에 대한 전체적인 모습을 설명하면 다음과 같다. 인간의 욕구는 다섯 단계의 위계로 구분되어 있는데 강도에 따른 순서는 다음과 같다. 첫째는 생리적 욕구로서 신체적 욕구의 만족이나 충족, 기본적인 생리적 만족과 감각적 만족을 추구하는 것이다. 둘째는 안전 욕구로서 고통, 삶에 가해지는 위험, 신체에 미칠 위험에 대한 대비 욕구이다. 셋째는 사랑의 욕구로서 사랑, 애정, 호의뿐만 아니라 소속감을 포함하는 넓은 개념의 욕구이다. 넷째는 자기 존중의 욕구로서 자존감, 자부심, 자신감, 활력 등을 포함하며, 그에 따른 부수적인 목표로 명성, 타인으로부터의 존경 등을 들 수 있다. 다섯째는 자아실현의 욕구로서 자신의 근본적인 성격에 의한 행동을 하길 원하고, 잠재력을 발휘하길 원하고, 자신이 될 수 있는 최고의 사람이 되려는 것이다.

　이 다섯 가지 욕구에 강도와 순서가 있다는 것이 욕구 5단계 이론의 주요 골자이다. 그 순위는 생리적 욕구가 가장 먼저이고, 자아실현의 욕구가 가장 마지막이다. 만약, 어떤 사람이 다섯 가지 욕구가 모두 충족되지 않는 상태라면, 이 사람은 생리적 욕구 외에는 다른 어떤 욕구도 인식하지 못할 것이다. 즉, 이 사람은 오직 음식과 물을 구해야 한다는 목표밖에 없으며, 이 욕구만 채운다면 행복하고 불만이 사라지리라 생각할 것이다. 그러나 이 가장 지배적인 욕구가 충족되면, 바로 위 단계의 새로운 욕구(안전 욕구)가 등장한다. 이 두 번째 욕구가 충족되면 다시 세 번째 욕구(사랑의 욕구)가 나타날 것이다. 이러한 방식으로 가장 높은 욕구까지 올라가는 과정이 반복된다.

　각 단계의 욕구는 개인의 심경뿐만 아니라 행동 양식, 그의 삶에 대한 철학, 나아가 사회의 모습에까지 영향을 끼칠 수 있다. 각 욕구

단계별 양태를 살펴보면 다음과 같다.

생리적 욕구(The physiological Needs)

생리적 욕구는 인간을 유지·보존하기 위한 물적·유기체적 토대를 충족시키기 위한 욕구이다. 생리적 욕구는 모든 욕구 중 가장 강력하다. 그래서 삶의 모든 것이 부족한 사람의 주된 욕구는 생리적 욕구가 될 확률이 높다. 생리적 욕구의 가장 대표적인 예는 배고픔이다. 음식, 안전, 사랑, 존경이 모두 결여된 사람은 다른 무엇보다 음식을 가장 갈망할 것이다. 이러한 욕구는 단순히 "하나님의 말씀보다는 빵을 원합니다." 같은 단순한 요구로서 그치는 것이 아니라, 배고픔이 의식 전반을 지배하게 된다. 배고픔의 해소라는 목표 아래 모든 기능이 동원되고 재편성된다. 눈과 코, 신경, 지능, 기억, 습관은 배고픔을 해소하기 위한 도구에 지나지 않게 된다. 이 목표를 이루기에 적합하지 않은 기능은 휴면 상태에 들어가거나 밀려난다. 그리하여, 자유, 문학, 사랑, 공동체 의식, 존경, 철학 등은 자취를 감추고 사라지게 된다. 현시점의 대한민국에서 이런 모습을 보기는 어려울 것이다. 지금 이 나라, 이 시대를 살아가는 사람들이 느끼는 배고픔이란 배고픔보다는 식욕을 느끼는 상태에 가깝다. 순수하게 생사가 달린 배고픔을 느끼는 경우는 큰 사고·조난을 당했거나 아프리카·제3 세계의 빈곤한 국가들과 분쟁 지역의 경우와 같이 기아가 일상화된 경우이다. 이런 상황에서는 배불리 먹을 수 있는 곳이 지상 최고의 낙원이다. 그 외의 다른 것은 불필요한 것일 뿐이다.

그러나 배고픔이 충족되고 더는 굶어 죽을 위험이 없게 되면 어떻게 될까? 그대로 만족하고 전과 같이 계속 빵을 얻기 위해 몸부림

치며 살아갈까? 빵이 없을 때는 인간이 빵만으로 살아간다는 말이 사실일 수 있다. 그러나 빵을 계속 얻을 수 있게 되면 다른 욕구가 등장한다. 이것은 단순히 "빵을 얻었으니 이제 책을 보겠다."와 같은 더 높은 차원의 욕구를 추구하는 것만을 의미하지 않는다. 같은 생리적 욕구 내에서도 더 질 좋은 것을 추구하게 된다는 것을 의미한다. 어제 빵을 먹던 사람은 오늘은 고기를 먹기를 원하게 된다. 오늘 고기를 먹는 사람은 내일 캐비어(Caviar)나 푸아그라(Foie Gras)를 먹기를 원할 것이다.

성욕 또한 흔히 말하는 남녀 간의 유희나 사랑의 확인을 위한 것을 의미하지 않는다. 그러한 의미의 성욕은 사랑의 욕구에 속하는 것이다. 이 단계에서의 성욕은 종족 보존을 위한 욕구에 가깝다. 그러므로 이러한 욕구 수준에서 행해지는 성행위는 동물이 종족을 보존하기 위해 하는 교배에 가까운 것이 된다.

안전 욕구(The Safety Needs)

생리적 욕구가 충족되면 새로운 욕구가 생기는데, 그것을 안전 욕구로 분류할 수 있다. 안전 욕구 또한 그것이 충족되지 못하면, 사용 가능한 한 거의 모든 기능을 그것을 충족시키는 데 동원하게 된다. 이것은 생리적 욕구에서 다뤘듯이, 한 개인의 세계관과 철학뿐 아니라 미래 세계관을 결정하는 강력한 요소가 된다.

안전 욕구는 단순히 전쟁이 없고, 살인·강도나 화재·교통사고와 같은 사건·사고가 일어나지 않는 것만을 의미하지 않는다. 그것은 좀 더 포괄적으로 말하자면, 예측할 수 있고 질서 있고 정돈된 세상을 추구하는 것이다. 그것은 더 나아가, 낯선 것보다는 익숙한 것을, 모르는 것보다는 아는 것을 선호하는 형태로 드러난다. 이러한 모습은 전쟁이나 기아가 없는 사회의 모습을 보면 더 두드러지게 드러난다.

대한민국의 경우, 전쟁을 경험한 베이비붐 세대에게서 나타나는 안전 욕구는 반공 이데올로기에서 볼 수 있다. 그것은 부정할 수 없는 안전의 위협이며 개인적 차원을 넘어서 사회적·정치적 영역에까지 영향을 미치고 있다. 그러나 그 이후 전쟁의 경험이 없는 세대, 특히, 오늘날의 20·30대의 안전 욕구는 공무원이나 교원 같은 정년과 고용이 보장되는 직업에 대한 선호, 극단적인 스펙 쌓기, 졸업 미루기, 저축이나 다양한 종류의 보험 가입 등으로 나타난다. 이것은 안전 욕구의 다른 표현으로 볼 수 있다.

생리적 욕구와 안전 욕구가 충족되지 못하면 앞에서 언급했듯이 개인의 의식을 결정하는 모든 기능이 그러한 욕구를 충족하는 방향으로 조정된다. 그리고 그런 개인들이 모인 사회 또한 그것을 추구하는 방향으로 기울게 된다. 그리하여 정치적 영역에서는 자극적이고 단순한 아젠다(agenda)가 전면에 부상하게 된다. 대화와 토론이 정치적 중심 문화로 자리 잡는 것이 아니라, 난관을 타개할 강력한 영웅의 부상을 손꼽아 기다리게 된다. 국가의 백년대계를 생각하는 정치인보다 선동가들이 득세하기 쉬워진다. 때에 따라서 나치 시대의 독일 국민처럼 타 국가나 다른 문화에 배타적인 모습이 발현될 수도 있다. 문화적 영역에서는 TV·인터넷을 비롯한 대중매체나 유튜브(youtube) 같은 개인 방송에서는 철학, 정치, 높은 윤리 의식 등을 논하기보다 먹방, 잦은 노출, 혐오 등의 자극적이고 단기간에 수익을 가져다주는 데에 비중을 높이게 된다.

사회적 영역에서는 공동체주의보다 개인주의가 득세하게 된다. 욕구 단계의 아래로 내려갈수록 자기중심적이기 때문이다. 배고픔은 극도로 자기중심적이다. 배고픔을 해소하는 유일한 방법은 배고픔을 충족시키는 것뿐이다. 사회의 먹을 것이 부족하면 내가 배부르면 타인은 배고프고, 타인이 배부르면 나는 배고프게 된다. 그러나 그보다 위 단계인 사랑과 존경의 욕구를 충족시키려면 필연적으로 타인을 필요로 한다. 나아가 타인의 충족도 포함된다.

사랑의 욕구(The Love Needs)

생리적 욕구와 안전 욕구가 어느 정도 충족되면, 사랑과 호의와 소속감과 관련된 욕구가 등장하게 된다. 앞만 보며 달리던 사람이 친구·연인·아내·자녀 등의 부재를 전에 없이 예민하게 느끼게 될 것이다. 사람들과 좋은 관계를 맺기를 원하고, 집단 내에서 자신의 자리를 갖기를 원한다. 이 단계의 욕구부터 흔히 부르는 '이타심'이 등장한다. 앞의 생리적 욕구나 안전 욕구가 충족되지 못할 경우는 이타심조차 자기 집단 내의 제한적 이타심일 확률이 높지만, 이 단계의 이타심은 그것을 넘어서는 모습을 보이게 된다.

성욕 또한 앞의 생리적 욕구 수준의 그것과는 다르다. 이 단계에서의 성욕은 서로 간의 교감(交感) 및 확인 욕구에 더 가깝다. 이 단계에 이르러서야 유희(遊嬉)로서의 성행위가 가능해지게 된다.

자기 존중의 욕구(The Esteem Needs)

사회의 구성원은 그 사회 내에서 자신에 대해 안정적이고 좋은 평가, 자부심이나 자존감, 다른 사람에게서 받는 존중에 대한 욕구가 있다. 이런 욕구는 둘로 나누어 볼 수 있다. 첫째는 힘, 성취, 적합성, 세상을 향한 자신감, 자유와 독립을 향한 욕구이다. 둘째는 명예나 위신, 인정, 관심, 위엄 또는 덕망을 향한 욕구이다. 이 욕구는 어제의 욕심쟁이를 부자가 된 오늘에 이르러 대단한 자선가인 양 행세하게 만들 수 있고, 어렵게 자수성가한 사업가나 연예인 등이 불우이웃을 돕거나 자선 단체나 학교에 기부하고 자랑스럽게 사진을 찍게 만들 수 있다.

자존감의 욕구가 충족되면 자신감이 생긴다. 능력과 힘을 가진 자신이 세상에서 필요하고 가치 있는 유용한 존재라고 느낀다. 그러나 이런 욕구가 충족되지 못하고 무시당하면, 열등감이나 무력함, 나약함을 느낀다. 이런 느낌은 결국 다른 보상 심리 또는 신경증적 성향으로 이어질 수 있다.

자아실현의 욕구(The Need for Self-Actualization)

앞서 말한 욕구를 모두 충족했더라도, 어떤 사람이 자신에게 맞지 않는 일을 하고 있다면, 그는 불만과 불안을 느낄 것이다. 발명가는 발명하고, 음악가는 노래하거나 작곡하고, 시인은 시를 쓰며, 미술가는 그림을 그려야만 진정한 행복을 느낄 수 있다. 사람은 자신의 본성에 진실해야 한다. 이것이 자아실현의 욕구이다. 자아실현의 욕구는 자기완성의 욕망, 즉 잠재적인 자신의 모습을 실현하려는 욕구이다. 이는 진정한 자신에게 가까워지려는 욕망, 자신이 진정으로 될 수 있는 정점에 이르고 싶은 욕망이라고 표현할 수도 있다.

이 욕구는 겉으로 보기에 생리적 욕구와 같이 지극히 개인적인 욕구에 국한된 듯이 보이지만, 실은 극도로 타자와의 관계성이 요구되는 욕구이다. 이 욕구를 충족시키기 위해서는 사랑의 욕구와 자기 존중의 욕구를 어느 정도 충족해야 하며, 내가 누구인지를 알기 위해서는 타자와의 비교·대조가 필수적이기 때문이다. 자아실현의 욕구가 나타나는 형태는 사람마다 다르다. 생리적 욕구는 배고픔의 해소와 같이 하나의 욕구만 존재하지만, 자아실현은 그 수가 지구상 존재하는 사람의 수만큼 존재하고 그 종류도 다르다. 그래서 욕구의 위 단계로 올라갈수록 '독립적'이지만, 아래로 내려갈수록 '의존적'이 된다. 배고픔 때문에 몸을 팔았다는 말은 있어도, 명예, 정절을 지키기 위해 몸을 팔지는 않기 때문이다. 결론적으로, 욕구단계론은 단계의 아래로 내려갈수록 의존적·개인적이지만, 위로 올라갈수록 독립적·공동체적이 된다. 이것은 모순처럼 들리지만, 결코 모순이 아니다.

얼음은 열이 가해지면, 물이 되며, 물은 다시 열이 가해지면 증기가 된다. 그러나 얼음이든 물이든 증기이든 그 본질은 산소와 수소의 결합물(H_2O)이다. 욕구단계론이 의미하는 것은 하위 욕구(생리적·안전 욕구)와 상위 욕구(사랑·자기 존중·자아실현의 욕구)가 겉으로 보기에 서로 완전히 다른 것처럼 보이지만 두 욕구 모두 인간 본성에 포함되어야 한다는 점을 의미한다. 하위 욕구가 충족된 후에 상위 욕구를 추구한다는 관점은, 당장 내일 먹고살 것도 없는 후진국 및 전후(戰後) 베이비붐 세대들이 왜 그토록 자식을 많이 낳으며, 선진국 및 현대인의 심각한 저출산 현상을 부분적으로 설명해준다. 더 나아가, 왜 그토록 사회 개혁이 어려운 것인지-가난한 계층조차 사회 개혁에 왜 소극적인지-를 어느 정도 설명해준다. 또한, 이러한 관점은 기존의 교육·사회·정치 시스템에 근본적인 변화를 요구한다. 대부분의 교육·사회·정치 영역은 인간의 생물학적인 동물성과 본능적인 면이 음식, 섹스와 같은 생리적 욕구에만 국한되어 있으며, 사랑, 아름다움, 진리를 추구하는 상위 욕구들은 이런 동물적 욕구와 다르고 상호 배타적이라고 보았다. 모든 제도와 문화는 하위 욕구의 충족이 이루어진 만큼 상위 욕구의 충족이 부족해지거나 멀어지는 것으로 간주하고, 하위 욕구를 최대한 자제하게끔 가르쳤다.

이러한 인간관은, 특히, 경제·복지의 영역에서 개인에 대한 부조와 발전 욕구를 상충하는 관계로 보아 복지에 미온적인 태도를 보이게 했다. 그러나 동기이론에 따르면 이러한 세계관에 전환이 요구된다. 하위 욕구와 상위 욕구가 상충하는 것이 아니라 하위 욕구의 충족이 이루어진 다음에 상위 욕구의 충족이 이루어진다는 관점은 통제·억압·훈련 같은 것에 덜 집중하고, 자발성·충족·선택에 더 집중하게 만든다. 그리하여 하위 욕구가 충족되어 상위 욕구에 충실한 삶을 살게 되면, 의무와 즐거움의 경계, 일과 놀이의 경계가 불분명해진다. 우리는 때에 따라 위험할 수도 있는 번지점프나 놀이기구를 타는 행위에 비싼 돈을 지불하고 그것을 즐긴다. 또한, 목숨을 담보로 에베레스트산을 등정하는 산악인의 행위는 분명히 위험하고 힘든 일이지만, 그들은 자발적으로 그 일을 한다. 일에 대한 의욕은, 단순히 일의 고됨이나 그 일이 주는 보상에 좌우되는 것이 아니라 그 일을 하고자 하는 사람의 욕구 체계에도 영향을 받는 것이다.

사회의 안전망이 부족하면 그 사회는 어떻게 될까? 사회가 커지고 정교해지고 거대해질수록 사회의 위험을 개인 혼자서 대비하기가 힘들어진다. 야생 수렵 시대에는 개인의 생명과 안전을 야생 동물이나 자연재해 같은 위협으로부터 개인이나 가족·씨족사회가 보장해야 했지만, 산업화한 현대사회에서는 대규모 전쟁·범죄·기술 진보나 산업구조 변동 등으로 인한 실업·산업재해 등의 위험으로부터 자신을 보호하기 매우 어렵다. 개인은 스스로 감당할 수 없는 불안정과 위험에 대해 대비하기 어렵다는 사실을 인지하기 시작하면 공황 상태에 빠지거나 무기력해지게 된다. 또한, 사회의 안전망이 부족하다는 것은 그 사회의 구성원들의 전반적인 욕구 수준이 안전 욕구 수준 이하에 머물러 있다는 의미와 같다. 특히 전쟁이나 범죄의 위험이 없다고 가정했을 때, 평상시에 안전 욕구에 영향을 주는 것은 사업의 부도, 실업의 위험과 같은 생계에 대한 불안이다. 기본소득의 역할은 ① 일정 액수의 최저생계비를 지원받음으로써 실질적으로 생계를 보장하여 생리적 욕구를 충족시키고, ② 이 최저생계비를 성별, 나이, 지역, 소득 유무와 관계없이 평생 받음으로써 심리적 불안을 제거하여 안전 욕구를 충족시키는데 더 큰 의의가 있다. 그래서 생리적 욕구와 안전 욕구를 충족시켜서 더 나은 단계의 욕구로 개인과 사회를 이행시키는 것이다.

안전 욕구를 충족시키는 데에는 사회보험도 있지 않으냐고 반문할 수 있다. 그러나 앞서 언급했듯이 사회보험은 사후적이며, 그것의 지급 여부는 국가의 재량에 달린 것이다. 또한, 이미 생계가 어려워진 후에라야 부조해줄지 말지를 결정하는 것은 욕구 수준을 생리적·안전 욕구 수준에서 벗어나지 못하게 만드는 것이다. 기본소득으로 생리적·안전 욕구를 이미 충족시키게 되면, 그 후에 그가 벌어들이는 소득 전부는 상위 욕구 충족에 온전히 다 쓰일 수 있다.

그러나 그가 실업이라든지 사고를 당하여 생계의 위급이 처한 후에야 비로소 부조를 받게 되면, 그의 욕구 수준은 생리적·안전 욕구 수준을 넘어서기 힘들 것이다. 사회보험의 기본 운영원칙은 그의 소득 상실 분을 생계에 필요한 최소한의 한도에서만 보전해주는 데 있기 때문이다. 한 사람의 최저생계비가 한 달에 50만 원이라고 가정해보자. 어떤 사람이 교통사고를 당하여 기존에 하던 일과 다른 일을 할 수밖에 없고, 그 다른 일이 한 달에 30만 원밖에 받지 못하는 일이라면, 국가에서 지급하는 금액은 기본적으로 20만 원 내외에서 책정되는 것이 원칙이다. 만일 그 다른 일의 급여가 40만 원이면 지급되는 금액은 10만 원 내외에서 책정되는 것이다. 물론, 때에 따라 이들 금액보다 더 적을 수도 있다.[20] 결국, 이런 상황이 지속한다면 이 사람은 생리적 욕구만 충족시키다가 생을 마감하고 말 것이다.

기본소득의 실시로 생리적·안전 욕구를 넘어서서 더 높은 단계의 욕구를 추구하게 되면 어떻게 될까? 무수한 변화를 예상해 볼 수 있으나, 인간의 삶에 가장 크고 의미가 있는 변화를 가져오는 것을 중심으로 세 가지를 살펴보고자 한다.

첫째, 인간이 인간다워질 수 있다. 욕구단계론에서 보이듯이, 단계의 아래로 내려갈수록 종(種)의 보존 욕구에 가까우며, 위로 올라갈수록 발전·성장 욕구에 가깝다. 상위 욕구로 갈수록 고등생명체만 누릴 수 있는 욕구이다. 음식에 관한 욕구는 인간뿐만 아니라 다른 모든 생명체도 그것을 갖고 있다. 사랑 욕구는 고등 유인원과 인간만이 갖고 있으며, 자아실현 욕구는 오직 인간만 갖고 있다. 이 자아실

---

20) 현재 한국에서 시행되고 있는 실업급여 지급액은 원칙적으로 퇴직 전 일정 기간을 통산한 평균임금의 일정 비율로 책정하되 상한과 하한이 정해져 있다. 상한액과 하한액은 매년 바뀌는데, 하한액의 기준이 되는 것이 최저생계비, 즉, 최저임금액이다.

현 욕구까지 충족되어야 비로소 인간만이 가진 욕구가 충족되었다고 볼 수 있으며, 진정한 삶의 목적을 달성했다 볼 수 있는 것이다.

둘째, 더 많은 물질을 소유하기를 원할 수도 있다. 정치가, 경제학자, 일반 국민은 물질이 많이 충족될수록 그것에 대한 욕심이 줄어들며, 일하기 싫어하고, 게을러지는 것으로 생각한다. 욕구단계론만 보아도 상위 단계로 갈수록 음식, 성욕 등의 일차원적이고, 물리적인 욕구에서 멀어지고 마치 성자(聖者)나 스님같이 변하는 것처럼 보일 수 있다. 그리하여 소득이 높아지면 게을러지고, 근로의욕이 줄어든다는 말에 근거를 제공하는 것처럼 보인다.

그러나 사실은 반대로 상위 욕구 수준으로 올라갈수록 물질, 특히 금전에 대한 욕구도 같이 커질 수 있다. 생리적 욕구를 충족하기 위해서는 내 배만 채우면 된다. 그러나 사랑의 욕구나 자기 존중의 욕구를 충족시키려면, 최소 둘 이상의 배를 채워야 한다. 사람은 오직 자기의 욕구만을 채우려 할 때보다 그가 소중히 여기는 사람들, 부모, 자식, 연인 등의 욕구를 채우기 위한 이타적 욕구가 생길 때 더 탐욕적일 수 있다. 욕구에 명분과 책임감이 함께 하기 때문이다. 이것은 교육열이 매우 강한 부모가 자식에게 쏟는 돈과 열정을 보면 자명하다. 생리적 욕구를 충족하려면 점심으로 햄버거를 먹고, 대중교통을 이용해 귀가하면 된다. 그러나 자기 존중의 욕구를 충족하려면 이탈리안 레스토랑에서 식사하고, 수억 원에 달하는 고급 승용차를 타고 귀가해야 한다.

설령, 그가 목사나 스님 같은 사람으로 변해서 개인적으로 검소하고 청렴해서 명성이 자자해졌다고 하자. 그러면 그에게 필요한 돈이 줄어들고 물욕이 사라진 것으로 생각할지 모르나 이것은 개인적 측면만 바라볼 때 그렇다. 개개인의 종교인들은 검소하고 청렴하고 세속적인 사익 추구를 하지 않을 수도 있다. 그러나 하나의 종교 단체로서 그들을 바라보라. 강남 한복판에 우뚝 솟아있고, 서울의 야경을 장식하는 수많은 십자가를 보라. 로마 교황청과 사찰의 재산 규모를 한 번 보라. 사람들은 자선뿐만 아니라 증명되거나 체험해보지 못한 사후세계를 위해 헌금을 내고, 그 가르침을 따른다. 신라 시대에 불교는 호국(護國)적 성격이 강했고, 신라 말의 궁예는 일개 승려에서 한 나라의 왕이 되었으며, 고려 말의 신돈은 왕을 등에 업고 권세를 누렸다. 십자군 전쟁 배후에는 로마 교황청이 있으며, 카노사의 굴욕(Humiliation at Canossa)[21]에서 보이듯이 세속화된 종교는 그 자체로 사회와 독립적으로 존재하는 것이 아니라 사회를 이끌어가는 하나의 큰 힘이다. 첨예한 정치·사회적 쟁점에서 종교 단체의 입장표명이 얼마나 영향력이 있는지를 보라. 유사 기독교 분파인 한 종교 단체가 미국에서 총기의 자유를 위해 강한 영향력을 행사하는 것이나 동성애나 낙태에 관해 로마 교황청의 영향력이 얼마나 큰 것인지를 따져보면 이것은 자명해진다. 대형 교회는 종교적 가르침뿐만 아니라 그의 이름으로 학교법인도 세우고, 봉사 활동도 하며, 정치·경제계 인물들의 사교 모임 장(場)이기도 하다. 세속화된 종교는 이미 그것 자체로 큰 사회단체의 역할을 하며, 상위 욕구를 충족시켜주는 하나의 수단이 된다.

---

21) 중세 유럽에서 신성로마제국 황제 하인리히 4세와 교황 그레고리우스 7세 사이에 성직자 임명권을 놓고 벌어진 사건을 말한다. 원래 군주의 권한이던 성직자 임명권을 교황이 부인하고 그 권한을 교황 자신이 가지고 있다고 선언한 데서 비롯되었다. 양측의 갈등이 심화하자 교황은 하인리히 4세를 파문하였고, 하인리히 4세는 이를 모면하고자 북(北) 이탈리아의 카노사에 머물고 있던 교황을 찾아가 면담을 요청하였으나 교황으로부터 면담을 거부당하게 된다. 결국, 하인리히 4세는 추운 겨울에 3일 밤낮을 맨발로 지새우며 파면 취소를 요청하였고, 교황이 이를 승낙함으로써 사태는 일단락된다.

따라서 상위 단계의 욕구를 충족하려면 하위 단계의 욕구를 충족하는 데 필요한 자원보다 더 많은 자원이 있어야 한다. 그가 일개 사원이라면 부장으로, 부장이라면 임원으로 올라가기를 원할 것이다. 그가 단순 노무자라면 더 많은 돈을 벌기 위해 사업을 계획할 것이고, 그가 개척 교회 목사라면 대형 교회의 목사가 되려 할 것이다. 그러므로 소득이 늘면 근로의욕이 상실되는 것이 아니라 다른 종류의 근로로 전환된다고 표현해야 사실에 부합할 것이다.

　부언하면, 안전 욕구도 더 많은 소유욕을 부추길 수 있다. 가진 것이 더 많으면 굶어 죽지 않을 확률이 더 커지고 여러 면에서 안심이 되니까 안전 욕구의 추구가 더 많은 부(富)를 추구하게 만드는 것은 당연하다. 그러나 부의 추구에 있어서 안전 욕구와 그 이상의 욕구와의 차이점은 돈에 대한 태도에 있다. 안전 욕구에 기인한 소유욕은 단순히 더 많은 돈을 벌기보다 벌어놓은 돈을 지키기 위한 욕구에 가깝다. 안전 욕구가 돈에 대해 발현되는 형태는, 그가 개인이라면 사업을 하기보다는 공무원이 되어서 안정적인 기반하에 돈을 모으기를 택할 것이고, 회사라면 사업 영역을 확장하기보다 사내 유보금을 더 쌓을 것이다. 이와 반대로, 그 이상의 확장 욕구에서는 안전 욕구보다 교육·확장이나 재투자에 돈을 쓰기를 주저하지 않을 것이다. 몽테스키외(Montesquieu, 1689-1755)는 다음과 같이 말한다. "노예 상태로 추락한 민족은 돈을 벌기보다 벌어놓은 것을 지키기 위해 노력한다. 반대로 자유로운 민족은 지키는 것보다 더 많이 벌려고 시도한다." 개인이든 사회든, 오직 지키려고만 노력하고, 벌려고 노력하지 않으면 쇠락한다. 전진하지 않는 민족은 점점 더 역사의 여정(旅程)에서 퇴보할 수밖에 없다. 그러므로 사회 전반의 욕구 수준을 안전 욕구보다 상위 욕구 수준으로 끌어올리는 것은 사회 발전에 있어서도 바람직하다고 볼 수 있다.

셋째, 효율적인 사회가 된다. 노예노동이 자유 노동보다 비효율적이라는 사실은 자명하다. 욕구 단계의 아래쪽에는 생리적·안전 욕구가 있고 욕구 단계의 정점에는 자아실현 욕구가 있다. 자아실현이란 무엇인가? 이것을 한마디로 정의하면, 진정한 자기 자신이 되는 것이다. 이 점에 대해 더 깊이 생각해보면, 하위 욕구에 충실한 사람은 현재의 생존을 위해 자신에게 맞지 않는 일을 억지로 하고, 상위 욕구로 올라갈수록 자신에게 맞는 일을 한다는 의미로 볼 수도 있다. 사람이 현재의 생존만을 위해 일하고 생각한다면, 그에게서 그 이상의 발전을 기대하기는 어려울 것이다. 또한, 어떤 사람이 자신에게 맞지 않는 일을 하고 있다면, 그는 불만과 불안을 느낄 것이다. 발명가는 발명하고, 음악가는 음악을 만들고, 시인은 시를 쓰며, 미술가는 그림을 그려야만 진정한 행복을 느낄 수 있다. 사람은 자신의 본성에 진실해야 한다.

만약, 자신에게 맞지 않는 일을 하면 어떻게 될까? A와 B 두 사람이 있다고 해보자. A는 요리를 매우 잘해서 음식점을 경영하고 있다. 그는 제육볶음을 만들어서 파는데, 시간당 순이익이 5,000원이다. B는 힘이 세서 이삿짐센터를 운영하고 있는데, 시간당 10,000원의 순이익을 낸다. 그런데 정부가 거주·이전의 자유를 제한하는 헌법 개정을 하여 이삿짐 업계 전체가 폐업하게 되었다. 다급해진 B는 평소 알고 지내던 A에게 찾아가 자신도 생계를 위해 음식점을 개업하기를 원한다며 그에게 제육볶음을 만드는 법을 배웠다. 그러나 B는 음식을 만드는 데 소질이 없어서 B가 만든 제육볶음은 A가 만든 제육볶음과 똑같은 재료와 노력이 투입되었음에도 맛이 없었으며 팔리지 않았다. 그래서 B는 제육볶음 한 그릇당 가격을 낮추어야 했고 시간당 3,000원의 순이익을 얻을 수밖에 없었다. 여기서 시간당 B의 손해-사회 전체의 손해이기도 하다-는 10,000원과 3,000원의 차이인 7,000원이라 볼 수 있지만, 이 중 A의 시간당 순이익 5,000과 B의 시간당 순이익 3,000원의 차이인 2,000원은 소질이 없는 일을 한 것에 대한 페널티이다. 또는, A는 앞에서와 마찬가지로 음식을 잘 만들고 B는 옷을 잘 만든다고 해보자. 의·식·주는 우리 생활에 필수적이므로 A와 B 둘 다 필요한 것을 만든다고 할 수 있다. A는 음식 만들기에 자신이 있으므로 하루에 제육볶음 20그릇을 만들지만, 옷을 만드는 데 자질이 부족하므로 옷은 10벌밖에 만들지 못한다. B는 옷을 만드는 데 자신이 있으므로 하루에 옷 20벌을 만들지만, 음식 만들기에 자질이 부족하므로 제육볶음은 10그릇밖에 만들지 못한다. A와 B의 음식과 옷 만들기에 대한 상대적인 비율은 A는 2대 1, B는 1대 2이다. 만약, 서로 잘하는 영역에 집중해서 A는 오직 제육볶음만 만들고 B는 오직 옷만 만들면, 하루에 제육볶음 20그릇과 옷 20벌이 만들어진다. 그러나 음식 만들기와 옷 만들기에 같은 양의 노동을 투입하여 필요한 의식주를 각자 스스로 조달한다면, A는 하루에 제육볶음 10그릇과 옷 5벌을 만들 것이고, B는 하루에 옷 10벌과 제육볶음 5그릇을 만들 것이며, 사회 전체적으로는 제육볶음 15그릇과 옷 15벌이 만들어진다. A와 B 모두 잘하는 것에 집중하지 못한 결과 제육볶음 5그릇과 옷 5벌의 손실이 생긴 것이다.

이러한 논리는 사회 전반에 확장될 수 있다. 에디슨과 같이 발명에 자질이 있는 사람이 발명이 당장에 돈이 안 된다는 이유로 발명을 그만두고 변리사 시험을 준비한다면 그것이 개인적으로나 사회적으로 바람직할까? 수학에 자질이 있는 사람이 순수 학문 자체는 생계에 도움이 되지 않는다는 이유로 의대 시험을 준비하는 것이 바람직할까? 그가 만약 발명에 성공해서 스티브 잡스와 같은 혁신을 일으켰다면, 그가 창출하는 부가가치는 천문학적인 단위였을 것이며, 변리사가 벌어들이는 수익은 우스운 정도였을 것이다. 또한, 사회적으로도 국위 선양과 더불어 많은 사람의 불편함을 덜어주었을 것이다. 그가 만약 수학에 자질이 있다면 의미 있는 수학적 발견을 했을 것이고, 노래에 자질이 있다면 훌륭한 가수가 되어 사람들을 감동시켰을 것이다. 물론, 발명가라도 모두 큰 업적을 세우지는 못할 수 있고, 단순히 공무원과 같은 안정적인 직업을 갖기를 원한다고 하여 그가 창의력이 부족한 사람이라 단정 짓는 것은 위험한 발상일 수 있다.

하지만 낮은 단계의 욕구로부터 도출되는 동기나 행동은 엄청난 사회적인 낭비와 비효율을 가져오는 것은 분명하다. 공무원 수험생이 수십만 명이 되며, 회계사·세무사·변호사·법무사·변리사·관세사·감정평가사 등 그 외 모든 국가 자격증까지 합치면 그 수는 상상을 초월할 것이다. 이 수십만에 달하는 수험생들이 전부 본인들이 그 일을 잘할 수 있고, 하길 원해서 그 직업을 선택하지는 않았을 것이다. 이것은 공무원·교원의 호경기일 때의 선호도와 불경기일 때의 선호도를 비교해보면 분명하다. 공무원 시험뿐만 아니라 수능 시험도 마찬가지이다. 보통, 사람들이 대학에, 특히 좋은 대학에 입학하기를 원하는 것은 그 대학 졸업장이 꼬리표처럼 그를 평생 따라다니며, 그의 직업, 대우, 명성 등에 영향을 미친다고 생각하기 때문이다. 그러나 좋은 대학을 나오지 않아도 생계에 지장이 없다면, 굳이 비싼 고액 과외를 하고, 재수·삼수를 하면서 1, 2년의 세월을 낭비하지 않아도 된다. 그 돈과 시간으로 본인이 잘할 수 있는 것에 집중하면 된다. 수십만 명의 젊은 수험생이 1, 2년의 세월을 보내는 것도 경제학적 가치로 따지면 천문학적인 숫자이다. 사회가 사회 구성원들의 소질을 함양하는 데 힘쓰지 않으면, 사회는 그에 따른 엄청난 비효율과 낭비를 감당해야 한다. 개인의 소질이 고려되지 않는 사회가 되면, 문학에 자질이 있는 사람이 국회의원들의 정치적 야합의 산물인 누더기 법-인터넷에서 검색만 하면 나오는 법-을 외우기 위해 몇 년의 시간을 보내야 한다. 굳이 영어를 사용할 일이 없는 사람이 토익·토플 등의 점수를 올리는데 비싼 응시료와 학원비와 시간과 노력을 써야 한다. 발명에 소질이 있는 사람이 변리사 시험을 준비하기 위해 특허나 저작권에 관한 법률을 외워야 한다. 후술하겠지만, 기본소득은 사회의 효율성을 저해하지 않고 사회의 자원이 정부에서 국민 일반에게로 이전되는 것에 불과하기 때문에 낭비나 비효율이 아니다. 그러나 앞에서 언급한 낭비는 문자 그대로 낭비이다. 따라서 기본소득은 개인의 욕구를 생존·안전 욕구에만 국한된 저차원의 것으로부터 자아실현의 욕구까지 그 수준을 높임으로써 개인이 발휘할 수 있는 잠재력을 최대한 끌어내게끔 하는 제도로 볼 수 있다.

욕구단계론은 개인의 욕구는 제재되어야 하는 것이 아니라 오히려 보호 및 지원을 받아야 함을 암시하고 있다. 생리적·안전 욕구가 개인적 욕구에 가깝고, 사랑·자기 존중·자아실현의 욕구가 공동체적 욕구에 가까우며, 개인적 욕구와 공동체적 욕구 둘 다 인간의 본성이라면, 인간의 욕구는 공동체적 욕구 충족에 가깝게 다가가기 위해서라도 더 많은 지원과 보호를 받아야 한다. 개인적 욕구가 충족된 후에야 공동체적 욕구가 발현되기 때문에 필연적으로 공동체적 욕구가 개인적 욕구보다 더 발현되기 어렵다. 이러한 관점은 경제·복지의 영역뿐만 아니라 성매매 금지 및 음란물 규제와 같은 사회 풍속을 다루는 법제 영역에서도 변화가 필요함을 의미한다. 매슬로는 이러한 기본 욕구가 충족되지 못하였을 때를 병리적 상태로 보았다. 각 단계에 따른 기본 욕구가 충족되지 못했을 때, 개인이나 사회가 병든다고 보았다.22)

"…(중략)…이런 점들을 고려해볼 때 기본 욕구가 어느 하나라도 좌절된 사람은 병들었다거나 적어도 완전한 인간은 아니라고 파악해도 무방하다는 대담한 가정을 제안할 것이다. 비타민이나 무기질이 부족한 사람이 병들었다고 하는 것이나 마찬가지이다. 사랑의 결핍이 비타민 결핍보다 덜 중요하다고 누가 말할 수 있겠는가? 사랑에 굶주리면 병리 현상이 나타난다는 것을 알면서도 이것이 비과학적이고 비논리적인 방식으로 가치에 관한 질문을 제기하는 것이라고 비난할 수 있는가? 이렇게 가정하는 것이 내과 의사가 펠라그라나 괴혈병을 진단하고 치료하는 것과 무엇이 다른가?

이런 표현이 허용된다면, 건강한 사람은 기본적으로 자신의 잠재력과 능력을 최대한 개발하고 실현하려는 욕구에 따라서 동기가 부여된다고 간단히 말할 것이다. 사람이 어떤 기본 욕구를 만성적으로 심하게 느낀다면, 그 사람은 갑자기 소금이나 칼슘을 갈구하는 경우와 마찬가지로 건강하지 못하고 병든 것이다. 병들었다는 말을 이런 식으로 사용할 수 있다면, 개인과 그가 속한 사회와의 관계도 직시해야

---

22) 『Motivation and Personality 동기와 성격』 Abraham H. Maslow 저, 오혜경 옮김, 21세기북스

한다. 따라서 여기서 내린 정의는 첫째, 기본 욕구가 좌절된 사람을 병들었다고 부르기로 했고, 둘째, 그런 기본적인 좌절은 개인의 외부에서 작용하는 힘에 의해서 일어날 수밖에 없기 때문에, 셋째, 개인의 병은 병든 사회로부터 생겨날 수밖에 없다는 점을 분명히 암시하게 될 것이다. 그렇다면 **건강하고 선한 사회는 구성원의 모든 기본 욕구를 충족시켜줌으로써 사람이 가진 높은 단계의 목표가 드러나도록 허용해주는 사회**라고 정의될 것이다."

지금까지 이론적으로 논의했던 내용을 보면 생리적, 안전, 소속감, 자기 존중, 자아실현의 다섯 가지 욕구는 한 가지가 완전히 충족되어야 그다음 단계의 욕구가 생기는 것처럼 보인다. 즉, 안전 욕구가 100% 충족된 후에야 사랑의 욕구가 생기는 것으로 보일 수 있다. 그러나 대부분 사람은 모든 욕구가 일부 만족한 동시에 일부는 만족하지 않은 상태이다. 욕구가 드러나는 실제의 모습은 높은 단계로 올라갈수록 만족의 정도가 감소하는 형태일 것이다. 예를 들어, 평균적인 사람의 경우 생리적 욕구가 85%, 안전 욕구가 70%, 사랑의 욕구가 50%, 존경 욕구가 40%, 자아실현 욕구가 10% 정도 충족된 상태일 것이다.

그리고 하위 단계의 욕구가 충족된 후에 상위 단계의 욕구가 나타난다는 개념은 상위 단계의 욕구가 갑자기 등장하기보다 느리고 점진적으로 나타나는 것이라고 할 수 있다. 예를 들어 생리적 욕구가 10% 충족되었다면 안전 욕구는 전혀 드러나지 않는다. 그러나 생리적 욕구가 25% 정도 충족되었다면 안전 욕구는 5% 정도 드러날 수 있고, 생리적 욕구가 75% 정도 충족되면 안전 욕구는 50% 정도 드러날 것이다.

혹자는 모든 사람의 욕구가 그렇게 단계적으로 발생하지는 않는다고 반론할 것이다. 인간의 마음은 그렇게 단순하고 기계적으로 작동하는 것이 아니며, 실로 복잡다단하기 때문에 단순한 도식으로 설명되는 것이 아니라고 말이다. 인정한다. 본인의 위험을 무릅쓰고, 타인의 안전을 지키는 사람도 있고, 본인의 허벅지를 베어서 타인을 먹이는 사람도 있다. 그러나 인지해야 하는 것은 심리학은 수학이 아니라는 것이다. 심장이 왼쪽이 아니라 오른쪽에 있는 사람도 있다. 달걀을 터뜨렸을 때 쌍란(雙卵)이 나올 수도 있다. 그러나 어느 생물학 교과서에도 인간의 심장이 오른쪽에 있다고 가르치지 않으며, 달걀의 노른자가 두 개라고 가르치지 않는다. 생물학이나 심리학이나 어떤 현상의 일반적 사실을 토대로 논리를 전개하는 것이기 때문이다. 본인의 허벅지를 베어 먹이는 극단적 이타주의자와 연쇄살인범과 같은 극단적 사이코패스(psychopath)로 인간의 평균적인 본성을 규정짓기에는 무리가 있다.

동양의 고전인 『관자(管子)』에서는 "창고가 가득 차야 예절을 알고 의식이 풍족해야 영욕을 안다(倉廩實而知禮節 衣食足而知榮辱)"라고 했으며, 맹자(孟子)는 "경제적으로 생활이 안정되지 못하면 항상 바른 마음을 가지지 못한다(無恒産 無恒心)"라고 했다. 동양의 현자(賢者)든 서양의 심리학자든 모두 같은 진리를 말하는 것이 아니겠는가? 어쩌면 욕구단계론은 인간의 욕구는 양적으로나 질적으로 무한히 팽창한다는 당연한 진실을 도식화한 것에 불과할 수 있다. 사회주의가 망한 이유는 무상 배급으로 게을러져서 망한 것이 아니라 일에 따른 정당한 대가를 보상해주지 않아서 일에 대한 유인이 사라졌기 때문에 망한 것이다. 다시 말하면, 욕구를 충족시켜주지 않았기 때문이다. 자유

시장 경제가 말도 많고 탈도 많지만, 그래도 지속하여 번영을 누리는 것은 욕구를 어떠한 방식으로든 부분적으로나마 충족시켜주기 때문이다.

자유는 흔히 생각하듯이 일반적 행동의 자유처럼 막연히 무엇을 제한 없이 할 수 있음을 의미하지 않는다. 자유의 본질은 욕구이다. 자유가 침해되었다는 것은, ① 무엇을 실행하는 데 능력에 부족함이 없거나 제한이 없어야 하고, ② 그 무엇은 내가 바라는 것(또는 바라지 않는 것)인데, ③ 그 무엇을 나 아닌 타자가 금지하는 것(또는 강제로 하게 하는 것)을 말한다. 태양에 착륙해서 둘러보고 싶은 사람에게 태양에 가지 말라고 하는 것은 자유의 침해가 아니다. 태양에 착륙하는 것은 물리적으로 불가능하기 때문이다. 피자를 싫어하는 사람에게 피자를 먹지 말라고 하는 것은 자유의 침해가 되지 않는다. 놀이기구를 타기 싫어하는 사람에게 놀이기구를 타지 말라고 하는 것은 자유의 침해가 되지 않는다. 욕구를 전제하지 않는 자유는 의미가 없다.

또한, 욕구는 사회 발전의 원동력이다. 식욕이 없다면 감자는 포테이토 칩이 되지 못했을 것이다. 탐구욕이 없다면 우리는 여전히 태양, 달, 그 밖의 행성이 지구 주위를 돈다고 오해하며 살아갔을 것이고, 스마트폰이 아닌 봉화(烽火)나 전서구(傳書鳩)로 연락을 주고받았을 것이다. 성욕이 없다면 인간은 이미 멸종했을 것이다. 중국의 만리장성과 황산·숭산·태산·구채구·계림 등을 제대로 즐기기 위해 중국어를 공부하게 되며, 일본의 온천과 애니메이션, 식도락을 제대로 즐기기 위해 일본어를 공부하게 되며, 미국이나 영국의 다양한 문화를 제대로 즐기기 위해 영어를 공부하게 된다.

이 욕구의 충족이 자유시장 경제 체제가 사회주의·계획경제 체제보다 더 풍요롭게 된 주요 원인이다. 한국·중국·일본을 비롯한 동아시아 삼국이나 인도인이 미국·유럽인보다 지적 능력이 떨어져서 그들 나라에 비해 국력이 약한 것이 아니다. 미국의 수능인 SAT의 난이도와 한국이나 일본의 입학시험의 난이도만 비교해보아도 인종에 따라 능력에 차이가 난다는 것은 믿기 어렵다. 오히려 고난도 수학 문제를 푸는 능력은 한국·중국·일본의 학생이 미국 학생보다 더 뛰어난 경우가 많다. 그러나 순수 학문 분야를 비롯한 전체 국력을 측정하는 여러 지표에서 차이가 난다. 군인 개개인의 전투력이 뛰어나다고 해서 그들의 부대 전체가 전투력이 강한 것인지는 따져보아야 한다. 전쟁은 부대와 부대 간의 총력전이기 때문이다. 이것은 같은 한반도에 사는 북한과 남한만 보아도 알 수 있다. 북한과 남한은 6.25 전쟁 전까지는 같은 공동 운명체였다. 같은 DNA 구조에 같은 음식과 같은 말을 쓰는 같은 민족이었다. 그러나 분단이 되고 서로 다른 체제와 사회 분위기 속에서 살아간 결과는 어떤가? 지금 현시대를 살아가는 우리는 태평양 바다 건너 미국 사람들의 문화가 바로 북쪽의 같은 민족이라 부르는 사람들의 문화보다 더 친근하다. 북한 사회의 전반적인 욕구 충족 수준은 욕구단계론에 비추어 보면 생리적·안전 욕구 수준에 머물러 있다고 할 수 있다. 우리는 적어도 그보다는 상위 욕구를 추구하는 사람이 많다고 할 수 있지 않은가? 그리고 이것은 바로 국력에 영향을 끼친다고 볼 수 있지 않을까?

국력은 단순히 자원이나 인구수에만 비례하여 신장하는 것이 아니다. 만약, 무조건 인구수나 자원에 비례하여 국력이 정해졌다면, 몽골의 칭기즈칸의 군대가 그보다 인구수가 100배를 상회하는 다른 대륙들을 지배하는 일이 없어야 하고, 중국이나 인도가 영국의 식민지가 되거나 땅을 빼앗기는 일이 없었어야 한다. 중국이 강해지게 된 계기는 덩샤오핑의 개혁·개방 정책으로 인한 것임은 모두가 인정하는 사실 아닌가? 개혁·개방이란 무엇인가? 흔히, 개방 정책으로 나라가 발전하는 것은 타국의 우수한 기술을 흡수하여 그것이 가능해지는 것으로 이해하기 쉬우나, 그것은 개방의 직접적 효과라고 보기 어렵다. 미국이 쇄국정책을 취했던 일본의 개항을 요구했던 것은 그들에게 미국의 우수한 군사기술이나 산업의 기술을 알려주기 위해 개항을 요구한 것이 아니라, 일본에 물건을 팔기 위해 개항을 요구했던 것이다. 영국이 인도를 식민지화한 것은 그들에게 기술을 전수하려 했던 것이 아니라, 영국에게 유용한 판매처를 원했기 때문에 그렇게 한 것이다. 개방을 통해서 얻을 수 있는 직접적인 이익은 서로 간에 유용한 물건의 교환에 있는 것이다. 그것은 국내에만 머물렀던 제한적인 기호(嗜好)의 충족을 외국의 영역으로까지 확장해 주는 것이다. 떡만 먹을 줄 알았던 사람에게 케이크의 맛을 알게 해주는 것이고, 치파오(Chinese dress, 旗袍기포)나 인민복(人民服)만 입을 줄 아는 사람에게 양복도 입을 수 있게 해주는 것이며, 침과 뜸이 전부인 줄 알았던 사람에게 외과 수술의 새로운 세계를 맛보게 해준다. 기술의 발전은 이러한 욕구의 확장으로 말미암아 더 큰 욕구의 충족을 위해 생겨나는 파생적인 것이다.

혹자는 중국의 인구가 많다고는 하나 영국에 비해 기술력이 부족해서 전쟁에서 진 것이라 말할 수 있을 것이다. 이 말은 그 자체로 맞는 말이다. 그러나 앞서 말했듯이 인간의 능력은 인종에 따른 차이가 거의 없다. 이러한 주장은 왜 능력이 비슷한 두 나라나 문명이 시간이 흘러 한쪽이 다른 쪽에 비해 기술이 더 발전하거나 쇠퇴하게 된 원인을 설명해주지 못한다. 고대 그리스·로마·이집트가 파피루스(papyrus) 줄기에다 필기를 했을 때, 중국은 그보다 앞서 인류 최초로 종이를 발명하였다. 기병(騎兵)의 운용에 필수적인 등자(鐙子)는 중국과 우리나라를 비롯한 아시아 문명권에서는 기원 전후를 즈음하여 이미 그것을 사용한 흔적이 보이지만, 유럽에서는 그보다 몇 세기 후에야 그것을 사용할 수 있게 된다. 화약은 공식적인 기록에 따르면, 중국 송(宋)나라 때부터 무기로 사용된 기록이 있고, 이것은 유럽에 전해지기 전까지 약 2~3세기 정도 앞선 발명이었으나, 나중에 유럽으로부터 중국으로 화약이 다시 들어왔을 때는 예전의 중국인이 알던 화약보다 훨씬 위력이 강한 것이 되었다. 항해에 필수적인 나침반의 발견 또한 동양에서 먼저 이루어졌다. 유럽의 중세가 암흑의 시대일 때, 중국은 찬란한 문명의 꽃이 피었다는 것은 잘 알려진 사실이다. 그러나 한쪽은 기술력이 상승했으나, 다른 한쪽은 정체 내지 퇴보했다.

기술이나 과학의 발전은 우리가 흔히 생각하듯이 높은 지적 능력에서만 나오는 것이 아니다. 그것은 호기심·탐구 욕구·발전 욕구로부터 나오는 것이다. 수능 시험 만점자나 국가고시 수석 합격자나 의대생이나 카이스트·포항공대생 같은 우수한 인재들이 세계사에 길이 남을 만한 발명을 한 적이 몇이나 있었던가? 오히려 위대한 과학자나 발명가 중에는 학교를 중퇴하거나 그곳에서 낙오되었던 비(非)제도권 출신의 사람들이 매우 많다. 또한, 무기나 실생활에 필요한 기술·공학의 발전은 기술·공학만을 집중적으로 갈고 닦는다고 해서 발전하는 것이 아니다. 기술·공학의 발전은 반드시 수학·순수 물리학·순수 화학 같은 순수 학문의 탄탄한 토대가 있어야 가능하다. 축제에 쓰이는 폭죽을 만드는 데에는 불꽃이 튀는 어떠한 현상을 보고 몇 번의 시행착오를 통해서 경험이 쌓이면 그것을 만드는 것은 어렵지 않다. 그러나 폭죽이 대포나 다이너마이트(dynamite), 더 나아가 핵폭탄이 되기 위해서는 수학·물리학·화학·지구과학 등의 순수 학문에 대한 근원적이고 심오한 이해가 요구되는 것이다. 수학·과학의 인재 등이 순수 과학에 집중하지 못하고, 절대다수가 의대나 의학전문대학원, 변리사 시험 준비 등에만 쏠려 있는 나라에서 나라의 근본적인 힘을 기르기를 기대하는 것은 무리일 것이다. 이러한 현상은 비단 순수 과학의 영역뿐만 아니라 법학, 정치학, 사회학, 문학, 음악, 미술 등의 모든 영역에서 동일하게 적용될 수 있다. 따라서 국력을 신장시키기 위해서는 순수 학문을 해도 절대 굶지 않는 세상을 만드는 것은 필수적이다.

개인적 욕구의 충족이 사회 전반의 퇴폐 문화를 부추겨 나라를 좀먹으리라는 걱정은 기우에 불과하다. 선진국일수록 개인의 욕구를 충족시키는 산업이 발달해 있다는 것이 이를 반증한다. 우리나라는 K-pop으로 전 세계를 흥분시켰고 게임 문화가 보편적이며, 일본에서는 성인비디오(AV) 산업이 일반적이고 당연하게 여겨지며, 독일에서는 성매매가 불법이 아니며, 네덜란드는 대마초의 흡입이 허용되며, 미국은 우리나라의 강원랜드는 우스울 정도의 규모를 가진 도박장이 있지 않은가! 이것들의 허용이 사회를 타락시켜 망국의 원인으로 작용한다고 주장하면 설득력이 떨어질 것이다. 오히려 욕구의 배출을 허용함으로써 범죄를 막는 데 일조한다고 주장하는 것이 더 낫다. 반면에 말기의 조선이나 북한은 폐쇄정책을 쓰고 개인의 자유를 제한함으로써 국운의 쇠퇴를 앞당겼다. 또한, 과학과 철학이 융성했던 고대 그리스·로

마인들이 그들의 나라 곳곳에 목욕탕·원형경기장을 갖추었고, 고대 그리스의 청소년들은 나체로 운동하는 관습이 있었고, 그들의 예술 작품이 인간의 나체를 적나라하게 묘사하는 관능적인 면이 있으면서도 심미적이고 실용주의적인 데 반해, 중세 암흑기의 예술 작품은 단조로우며 금욕적이고 투박한 성격이 짙다. 그러다가 르네상스 시대에 이르면, 입체적이고 사실적이면서도 상상력을 자극하는 광대한 세계관을 지닌 작품 등의 등장은 이러한 상관관계를 잘 보여준다.

그러나 한 가지 지적할 점은 단순히 부(富)나 권력이 있다고 해서 안전 욕구를 비롯한 다른 상위 욕구가 자동으로 충족되지 않는다는 것이다. 권력이라는 자원은 공유재가 아니고 독점적 사유재이므로 비(非) 권력자가 그것을 갖기 위해서는 반드시 기존의 권력자가 권력을 잃어야 하며, 큰 수익은 큰 위험(risk)을 담보로 하는 것이 일반적이기 때문이다. 주식을 팔아서 큰 이익을 본 것은 매수한 쪽은 손실을 보았다는 의미이다. 한 기업이 독점이라는 것은 다른 경쟁 기업의 침몰을 전제하는 것이다. 한정된 재화인 토지는 내가 한 면적을 소유하면 다른 사람은 그 면적을 가지지 못하게 되는 재화이다. 이러한 제로섬(zero-sum) 상태에서의 이익은 다른 많은 경제주체의 실패와 불안감을 토대로 얻는 것이며, 이익을 얻는 당사자조차 언제 그 이익을 잃을지 모르는 불안감을 느끼게 하는 것이다. 미국의 링컨·케네디 대통령과 유신헌법으로 종신 대통령의 지위가 보장되었던 박정희 전(前) 대통령도 충격에 유명을 달리했고, 북쪽의 젊은 독재자는 그의 권력을 유지하기 위해 그의 고모부를 총살하기도 했으며, 한보그룹이나 세계를 경영하겠다던 대우그룹도 공중분해 된 것처럼 제아무리 크고 거대한 권력이나 재산도 한순간에 무너질 수 있는 것이 인간사이다. 결국, 공동체 모두가 실패와 성공과 관계없이, 각자의 최저 생존이 보장되는 체제가 완성될 때 사회 모든 구성원의 안전 욕구가 충족되는 것이다. 그 수단 중의 하나가 기본소득이다. 그러므로 기본소득은 액수도 중요하지만, 일단 시행해서 생리적·안전 욕구를 충족시켜주는 것이 중요하다. 적은 액수라도 오랜 기간 지속해서 시행되어야 굶어 죽지는 않는다는 확신을 갖고 그다음 욕구로 나아갈 수 있게 되는 것이다.

기본소득의 시행으로 사람들이 경제적 상황이 좋아져서 게을러지고 사회 전체가 침체할 것이라는 생각은 전혀 하지 않아도 된다. 디드로 효과(Diderot effect)23)나 의존 효과(dependence effect)24)에서 보이듯이, 오히려 욕구가 더 커지고 활발해져서 사회가 과열됨을 우려해야 한다. 인간은 빵을 먹으면 우유가 마시고 싶고, 햄버거·피자·치킨을 먹으면 콜라·맥주가 마시고 싶어진다. 라면을 먹으면 김치가 먹고 싶어진다. 삐삐를 가지면 2G폰을 갖고 싶고, 2G폰을 갖게 되면 3G폰을

---

23) 하나의 물건을 구매한 후 그 물건과 어울리는 다른 제품들을 계속 구매하는 현상을 말한다. 18세기 프랑스의 철학자 드니 디드로(Denis Diderot)가 에세이 ≪나의 오래된 가운을 버림으로 인한 후회 Regrets on Parting with My Old Dressing Gown≫에 수록한 일화에서 유래되었다. 그는 친구로부터 붉은 가운을 선물 받았는데, 선물 받은 것을 기뻐하면서 가운을 서재에 걸어놓고 보니 서재 안의 다른 가구들이 너무 초라해 보였다. 가구들이 가운과 어울리지 않는다고 생각한 그는 의자, 책상 등 다른 가구들을 하나씩 가운과 어울릴 만한 것들로 새로 구매했고, 결국 서재 안의 모든 가구를 새로 들이게 되었다. 하지만 그로 인한 지출은 그가 감당하기에는 부담스러운 비용이었고, 그는 예전의 낡은 가운에 대해서는 철저히 자신이 주인이었는데, 선물 받은 새 가운에 대해서는 지배를 당했다고 묘사하였다.

24) 물질의 양이 풍부해지면 인간의 물질적 욕망은 줄어들 것으로 생각하지만 실제로는 삶이 풍요로울수록 욕망도 이에 비례해 커지게 마련이다. 타인이 어떠하든 자기만은 그것을 가져야 한다는 절대적 욕망에 비해, 드니 물질을 가짐으로써 타인보다 돋보일 수 있다는 상대적 욕망의 비중이 커지기 때문이다. 전통적인 소비자주권주의(consumerism)에 의하면 생산자는 소비자의 욕구에 따라 생산해야 한다. 하지만 기업들은 광고를 통해 소비자의 욕구를 부추기는 역할을 한다. 이는 물질에 대한 소비자의 욕구가 늘어나도록 만들고 더불어 소비까지 늘어나는 현상을 유발한다. 어떤 물건이 다른 사람에게는 있으나 자신에게는 없다면 그것을 구매하려는 욕구가 발생하게 된다. 이러한 현상을 존 갈브레이스(John Galbraith)는 '의존 효과(dependence effect)'라고 불렀다. 이것은 소비재에 대한 소비자의 수요가 자신의 자주적 욕망에 의해서가 아니라 생산자가 만든 광고 등의 자극에 의해 이루어지는 것을 말한다.

갖고 싶어진다. 좋은 옷을 사면 그에 어울리는 좋은 시계나 모자를 갖기를 원한다. 사양 높은 컴퓨터가 있으면 높은 사양이 요구되는 게임을 구매하려고 한다. 좋은 오디오를 갖게 되면 오디오 CD를 갖기를 원한다. 예쁘고 멋진 애인을 만나면 좋은 옷과 화장품을 구매하고 맛집을 찾아다니며 영화를 보거나 카페에 가게 된다. 외국인 애인이 생기면 외국어를 공부하게 되고, 외국어를 잘하게 되면, 외국 문화를 더 잘 즐기게 된다. 중고차를 타는 사람은 신형 차를 타고 싶고, 신형 차를 타는 사람은 벤츠를 타고 싶어지며, 벤츠를 타는 사람은 롤스로이스가 타고 싶어진다. 여행으로 제주도에 다녀온 사람은 다음 여행은 제주도가 아닌 하와이나 로스앤젤레스에 가기를 희망할 것이다. 산수를 배우면 미·적분까지 익혀서 남들보다 뛰어난 점을 뽐내고 싶어 한다. 축제 때의 폭죽은 탄광의 다이너마이트(dynamite)가 되었다. 이렇듯 욕구는 그 본질상 하나를 충족시키면 다른 욕구를 유발하는 파생(派生)적인 것이다. 사회를 침체시키고 싶은가? 사회를 중세의 수도원처럼 만들기를 원하는가? 그렇다면, 사람들에게서 그들이 가지고 있는 것을 뺏어라. 그들에게 욕구를 불러일으킬 만한 물건을 보여주지 말라. 그들에게 판도라의 상자를 열게 하지 말라. 그들이 욕망의 선악과를 먹게 하지 말라. 그들을 최대한 가난하게 만들어라. 그들에게서 애인을 뺏어라. 그러면 그들은 덜 꾸밀 것이고, 화장품도 구매하지 않을 것이고, 영화관도 가지 않을 것이다. 그들에게 좋은 음악을 들려주지 말라. 그러면 좋은 피아노나 기타를 사지 않을 것이다. 사람들에게 자극적인 음식을 먹게 하지 말라. 지극히 짜고 매운 음식은 지극히 단 음식에 대한 욕구를 부추기게 마련이고, 그 반대도 마찬가지니까. 조미하지 않은 죽과 물로만 연명하면 위와 같은 자극들로부터 자유로울 수 있다. 스님들이 일반인들과 달리 심장이 두 개이거나 팔이 세 개라서 금욕을 잘하는 것이 아니다. 그들이 산에서 욕심이 될 만한 것들에 접근을 허용하지 않았기 때문에 금욕이 가능한 것이다. 고기를 먹지 않으며, 오신채(五辛菜)도 먹지 않는다. 유행가도 듣지를 않으며, 춤도 추지 않는다. 결혼도 하지 않는다. '대가 없이 돈을 주면 일하지 않을 것'이라는 우려가 있지만, 공부를 잘하기 위해 항상 매를 맞아야 하는 것은 아니며, 열심히 일하기 위해 항상 굶어야 하는 것은 아니듯이, 조건 없이 경제적 보상이 주어졌다고 해서 근로 의욕에 부정적일 것이라는 추측은 섣부르다고 볼 수 있다.

물론, 욕구의 증대가 항상 긍정적 측면만 있는 것은 아니다. 통제되지 않은 지나친 욕구는 범죄나 사건·사고의 원인이 되기도 하며, 어떤 사물에 중독되는 것과 같이 자기 파괴를 초래하기도 한다. 그러나 치수(治水)를 잘하는 사람은 강물이 자주 범람하여 민가를 덮치거나 배를 뒤엎었다는 이유로 물길을 끊지 않는다. 오히려 그는 강물의 총량을 잘게 쪼개서 여러 지류(支流)로 만들어서 범람을 예방함과 동시에 인근 지역과 교역을 증가시켜서 상업을 진흥시키고, 관개수로를 개설하여 농업을 진흥시킨다. 훌륭한 입법자·행정가도 이에 비유될 수 있다. 욕구의 부정적 측면만을 보고 그것을 원천적으로 끊으려는 시도는 현명하다고 볼 수 없다. 우리는 왜 힘들고 고되며 자존심이 상하면서까지 궂은일을 마다하지 않는가? 우리는 왜 밤새워 공부하는가? 먹고살기 위해서라고 말하지만, 정확하게 말하면 더 많은 욕구를 만족시키기 위해서이다. 단순히 먹고살기 위해서라면 그렇게까지 힘들여서 무언가를 할 필요도 이유도 없다. 욕구라는 유인이 없으면 사람들이 그렇게 힘들고 위험하고 불쾌한 일을 할 이유가 없다. 금욕(禁慾)을 국가 운영의 원칙으로 세웠던 나라 및 문명이 맞이했던 운명을 보면 이것은 자명해진다.

돈의 본질은 욕구이다. 돈이야말로 인간의 욕구를 충족시켜주는 강력하고 확실한 수단임은 누구도 부정할 수 없다. 돈이 욕구의 다른 얼굴이고 욕구는 하나가 충족되면 그보다 더 크고 다양한 다른 욕구가 생긴다는 사실은 돈에도 적용되는 진실이다. 그러므로 기본소득의 시행으로 사람들의 소득이 증가하면 하기 싫었던 일을 내팽개치는 게으른 베짱이가 된다는 것은 설득력이 떨어진다. 오히려, 소득이 증가함에 따라 욕구 수준도 높아져서 욕구를 충족하는데 필요한 자원이 더 많이 요구된다. 따라서 가지지 못한 것을 갖기 위해 더 치열하게 노력하게 된다. 이것은 욕구단계론에 비추어 자명하다. 생리적·안전 욕구를 충족하는 데 필요한 자원이 100이라면 그보다 상위 욕구인 사랑의 욕구·자기 존중의 욕구를 충족하는 데 필요한 자원은 적게는 200에서 많게는 1,000 또는 10,000, 심지어 무한대에까지 이를 수 있기 때문이다. 소득이 적어서 1,000만 원의 승용차에 만족할 수밖에 없던 사람은 1억 원의 벤츠를 타기 위해 온 힘을 다해 돈을 벌려고 할 것이다. 소득이 증가하여 드디어 꿈에 그리던 벤츠를 타게 되면, 5억 원의 롤스로이스를 타기 위해 다시 온 힘을 다해 돈을 벌려고 할 것이다. 나 혼자 먹고살기도 버거워서 애인도 없고 결혼도 하지 않는 사람에게는 일 인분의 소박한 밥상이면 족하다. 그러나 사랑하는 애인이 있고 자식이 있으면 일 인분의 양으로는 안 되며 식사의 질도 혼자 먹는 것보다는 훨씬 좋아져야 한다. 나 혼자 살 때는 5평짜리 원룸이면 족하다. 그러나 결혼하면 최소 15평짜리 주거 공간이 필요하며, 자식이 생기면 그보다 더 넓어져야 한다.

인간의 욕망은 본질에서 마약과 같아서 채우면 채울수록 목마른 것이다. 마약을 끊기 위해서는 마약에 손을 대지 말아야 하고, 담배를 끊기 위해서는 담배에 손을 대지 말아야 한다. 마찬가지로, 욕구를 끊기 위해서는 처음부터 욕구에 손을 대지 말아야 한다. 파스칼(Blaise Pascal 1623~1662)의 다음의 말은 욕구의 본질에 대해 잘 설명해준다. "자연은 어떤 상태에서도 항상 우리를 불행하게 만들므로 우리의 욕망은 하나의 행복한 상태를 우리에게 그려 보여준다. 왜냐하면 이 욕망은 우리의 지금의 상태에, 우리가 있지 않은 상태의 즐거움을 덧붙이기 때문이다. 그래서 이 즐거움에 도달한다 해도 우리는 그것으로 행복해지지 않을 것이다. 이 새로운 상태에 알맞은 다른 욕망을 또 품을 테니까."25)

제3절 경제학에서 말하는 소득과 여가(휴식, 쉼)의 관계는 맞는 것인가?

앞에서 우리는 경제학에서는 '여가'를 개인에게 만족감(효용)을 주는 재화로 보며 대개 정상재로 본다는 점을 살펴보았다. 그래서 소득이 늘어날수록 여가의 소비가 늘어나서 근로의욕이 감퇴하는 근거가 된다고 하였다. 그러나 소득은 여가의 소비 여부를 결정짓는 요인이 아니고 여가의 질을 결정짓는 요인이며, 순수한 의미의 여가(휴식)를 소비할지 말지, 즉, 휴식을 취할지 말지는 일에 수반되는 고통에 달린 것이라 주장하고 싶다. 또한, 여가가 효용을 주는 것도 단기(短期)에만 그럴 뿐이며 장기(長期)에는 그렇지 않음을 설명하고자 한다.

---

25) 『팡세(Pens´ees)』블레즈 파스칼 저, 이환 역, 민음사

마약이나 담배와 같이 소비를 끊임없이 하여도 질리지 않는 예외적인 재화를 제외하고는, 대부분의 일반 재화는 쓰면 쓸수록 질리게 되어있다. 더운 여름날의 콜라 한 잔은 더위에 지친 사람에게 청량감을 선사한다. 그러나 두 번째 잔을 들이켜면 첫 번째 잔이 주었던 것만큼의 만족감을 주지 못하며, 이것은 세 번째 잔도 마찬가지이다. 이런 식으로 위장(胃腸)에 압박을 줄 정도로 몇 잔을 계속 마시게 되면 매스껍고, 배부르며 더 이상 마시기 싫어진다. 아무리 좋은 풍경도 자꾸 보면 처음만큼의 감흥은 생기지 않는다. 이것을 경제학에서는 한계효용체감의 법칙이라고 한다. 한계효용체감의 법칙이란 재화의 소비량이 증가할수록 그 재화의 한 단위 소비가 주는 효용(만족)이 지속해서 감소하는 현상을 말한다. 그렇다면, 정상 '재화'인 여가도 소비할수록 한계효용이 체감한다고 보아야 하지 않을까?

여기에 대해서 여가란 과연 무엇인지를 고찰할 필요가 있다. 우리가 흔히 여가에서 만족을 느낀다고 할 때의 여가는 여유로운 시간을 이용해서 여행을 간다든가, 외식한다든가, 영화를 보는 것과 같이 적극적인 행위, 즉, 작위(作爲)를 통해서 얻어지는 즐거움을 말하는 경우가 많다. 순수하게 '쉼', 즉, 부작위(不作爲)로부터 효용을 얻는 경우는 많지 않다. 부작위로 만족을 얻는 경우는 오직 고단한 노동으로부터 해방감을 느낄 때뿐이다. 쉼은 '무엇을 하지 않음'이며, 그것 자체는 쾌락도 불쾌함도 아니지만, 때에 따라서 괴로움에 가까운 경우가 더 많다. 이것은 절간에 스님의 좌선(坐禪)이나 묵언(默言)만을 보아도 알 수 있다. 스님의 좌선을 고행(苦行)으로 부르는 경우는 있어도 휴식이라 부르는 사람은 아무도 없으며, 묵언 '수행'이라고 부를지언정 묵언 '휴식'이라고 부르지 않는다. 부작위인 휴식이 사람에게 쾌락을 가져다주는 것이라면 죄수의 구금 상태를 형벌이라고 보기 어려우며, 휴일에 사람들이 템플스테이에 가지 않고 영화관, 놀이동산, PC방, 당구장, 노래방, 수영장, 헬스장, 클럽, 술집 등에 가는 것을 설명하기 어렵다.

우리가 흔히, "여가를 끊임없이 즐기고 싶다."든가 "해방감은 질리지 않는다."라고 말할 때의 여가에는, 앞에서도 언급했지만, 여행을 간다든가, 영화를 본다든가, 놀이동산을 가는 것처럼 일정한 재화나 용역을 소비하면서 얻는 만족감이 포함되어 있는 것이다. 순수한 휴식(쉼)으로부터 얻는 만족감이 아닌 재화와 용역의 소비로부터 얻는 만족감이 섞여 있거나, 때에 따라서 휴식은 없고 재화와 용역의 소비행위만 있을 수도 있다. 개개의 재화나 용역은 한계효용체감의 법칙이 적용되어서 쓰면 쓸수록 질리지만, 그 질리게 되어있는 재화와 용역이 무한대에 가까울 정도로 종류가 많을 때는 한계효용체감의 법칙이 적용될 여지가 없게 된다. 경제적으로 여유가 있다면, 어제 돼지고기를 질리게 먹은 사람은, 오늘 소고기를 질리게 먹을지언정 돼지고기를 먹지 않을 것이다. 작년에 제주도에 간 사람은 올해 제주도에 가지 않고, 일본이나 중국으로 갈 것이다. 이런 의미에서의 여가는 '쉼+재화·용역의 소비' 또는 '순수한 재화·용역의 소비'로 표현할 수 있다.

순수한 의미의 여가는, 근로와 반대되는 지점에 있는 개념으로서, 쉼이며 부작위이다. 이 순수한 여가가 만족감을 가져다주는 경우는 노동한 직후일 뿐이고, 일이 고되고 힘들수록 휴식(쉼)에서 느끼는 만족도 크고, 일이 쉽고 즐거우면 휴식(쉼)에서 얻는 만족도 줄어든다. 이 순수한 의미의 여가, 즉, 휴식은 한계효용체감 법칙의 적용을 받을 수밖에 없다. 원래 순수한 쉼은 쾌락도 고통도 없는 것이고, 제한적 상황에서만 효용을 누리는 것이기 때문이다. 그러므로 휴식(쉼)으로 누리는 단위당 만족감도 누리면 누릴수록 줄어들고, 그것의 마지막 단위에서 누리는 만족감이 0에 수렴할 때까지만 누리게 되며, 그 지점을 넘어서면 편안함보다는 불편함·불안감을 느끼게 된다. 휴식으로부터 누리는 효용이 0에 수렴하는 지점까지의 기간을 단기(短期)라고 하고, 그것을 넘어서는 기간을 장기(長期)라고 한다면, 단기에는 여가(휴식)의 소비가 늘지만, 장기에는 여가를 더 이상 소비하지 않는다. 즉, 쉬지 않는다. 근로를 전제하지 않는 휴식이 효용을 주는지 안 주는지를 알려면 비자발적 실업자나 장기 백수에게 물어보면 그것에 대해 명백히 알 수 있다.

왜 사람들은 소득이 증가하면 노동이 줄어든다고 생각하게 된 걸까? 여러 가지 이유가 있겠지만, 사회적 위치에 따른 노동 형태의 변화를 간과한 것에 가장 큰 원인이 있다고 본다. 대통령과 외국 정상 간의 한 시간의 회담은 말단 공무원의 만 시간의 근무보다 국민의 생활에 더 큰 영향을 미칠 수 있다. 회장과 회사 간부들 간의 한 시간의 토의는 말단 사원의 만 시간의 근무보다 회사의 운명에 더 큰 영향을 미칠 수 있다. 발명가의 한 시간의 연구는 말단 기술자의 만 시간의 노동보다 더 큰 부가가치를 창출할 수 있다. 유명 연예인의 한 시간의 공연은 일반 회사원의 천 시간의 노동보다 더 큰 소득을 올릴 수 있다. 인기 강사의 한 시간의 강의는 일반 직장인의 천 시간의 소득보다 더 높은 소득을 가져다줄 수 있다. 그러나 대통령이 외국 정상과 한가로이 차를 마시며 담소를 나누었다고 해서 그것이 대통령의 나태함을 의미하지 않는다. 회장이 다른 회사 회장과 골프를 치며 사업에 관한 이야기를 나눈 것은 골프를 치며 여가를 즐기는 것을 의미하지 않는다. 유명 배우가 한 편의 영화를 찍고 몇 개월을 쉬었다고 해서 그가 게으르다고 말할 수 없다. 소득이 높아진다는 것은 단순히 단위 시간당 벌어들이는 돈의 액수가 커짐만을 의미하는 것이 아니라, 그에 따른 사회적 지위도 같이 상승함을 의미한다. 사회적 지위가 높아질수록 근로와 휴식의 경계가 모호해진다. 그들에게는 일이 곧 휴식이며 휴식이 곧 일일 수 있는 것이다. 그런데 일과 휴식의 경계가 확실한 일반 근로자들의 시각에서는 그러한 고소득자의 삶이 여유로워 보일 수도 있으며, 이러한 사고방식은 소득과 노동에 대한 그릇된 인과관계를 만드는 원인이 될 수도 있다.

이제까지의 내용을 기본소득과 관련하여 정리하면 다음과 같다. 소득은 쉴지 말지를 결정짓는 요인이 아니고, 쉴 때 소비하는 재화와 용역의 양과 질을 결정짓는 요인이다. 소득이 여가(휴식)를 결정짓는다는 말은 소득이 100만 원인 사람은 1시간의 휴식을 원하고, 소득이 1억 원인 사람은 100시간의 휴식을 원한다고 말하는 것과 같다. 사람의 욕구는 무한[26]하고 무한한 욕구를 충족시키기 위해서는 소득이 필요하다. 소득은 노동을 통해서 생기므로 이론상으로 노동에 대한 욕구는 소득이 는다고 줄어드는 것이 아니다. 소득이 결정하는 것은 같은 휴식 시간에 소비하는 재화·용역의 양이나 질을 결정한다. 같은 공휴일이라도 수입이 적은 자는 집에서 온종일 잠을 자거나 맥주와 함께 TV를 시청할 것이지만, 수입이 많은 자는 호텔

___

26) Maslow의 동기이론뿐만 아니라 경제학에서도 사람의 욕구가 무한하다고 가정한다. 사람의 욕구는 무한하나 이를 충족시켜 줄 수 있는 경제적 자원이 제한되어 있음을 희소성의 법칙(law of scarcity)이라고 한다.

레스토랑에서 와인과 함께 주말을 보낼 것이다.

노동에 대한 욕구가 줄어드는 것, 즉, 여가(휴식)에 대한 욕구가 느는 것은 노동했을 때 초래되는 괴로움 때문이다. 그리하여 노동했을 때 얻는 소득보다 노동했을 때 초래되는 괴로움이 더 크다면 일을 멈추고 휴식을 취하는 것이다. 그렇지만, 일(노동) 자체가 힘들지 않다면 휴식에 대한 욕구는 크지 않을 것이다. 순수한 의미의 여가, 즉, 휴식에 대한 욕구는 일의 고됨의 정도에 따라 달라진다. 일이 고되고 힘들수록 휴식은 더 달콤한 것이 된다. 소득이 증가하면 일을 안하게 된다는 논리는 소득이 증가해서 일에 대한 고통이 커졌다고 말하는 것과 같다. 만약, 소득이 여가를 결정짓는 요인이라면, 단 하나의 수고로움도 들지 않고 고소득의 수입이 보장되는 일을 하는 사람이 수입이 많다는 이유로 가만히 있기를 원한다고 하는 것과 같다. 그는 가만히 있기를 원하는 것이 아니라 비행기를 타고 여행하기를 원하며, 비행기를 탔으면 다시 우주여행을 하기를 원하는데도 말이다. 그러므로 기본소득의 지급으로 개인에게 소득이 늘더라도 재화와 용역의 소비가 늘지언정 근로의욕의 감퇴를 가져오지 않는다.

제4절 최저임금은 사회 전체의 부(富, wealth)를 감소시키지만, 기본소득은 그렇지 않다.

앞에서 살펴보았듯이, 회계학적으로 검토할 때, 임금, 즉, 인건비는 기업이 재화나 용역의 가격을 결정할 때 고려하는 산식에서 원가의 요소가 되기 때문에 그것의 인상은 곧바로 물가의 인상으로 이어진다는 점을 살펴보았다. 또한, 경제학적으로 보아도 최저임금의 증가는 최저임금 이하의 급여를 받는 근로자들의 실업을 증가시키고,

따라서 사회 전체적으로 일하는 사람이 줄어들며, 일하는 사람이 줄어들면 사회 전체의 생산량이 감소하여 물가가 상승한다는 점을 살펴보았다. 즉, 최저임금제를 시행하면 사회 전체의 부(富)가 줄어들게된다. 그렇다면, 기본소득은 사회에 어떤 영향을 끼칠까? 최저임금제도나 기본소득제도나 경제적 측면의 제도이므로 순수하게 경제학적인 측면에서 비교하는 것이 바람직할 것이다.

한 가정이 있다. 아버지는 밖에서 일하시는데 월급이 400만 원이고, 어머니는 전업주부고, 이제 막 중학교에 입학한 아들 하나가 있다. 어머니는 아들이 중학교에 입학하기 전까지 아버지로부터 생활비 명목으로 월 200만 원씩 받아왔으나, 아들이 이제 중학교에 입학하자 학원비가 추가로 필요하다는 계산 하에 남편으로부터 월 50만원의 추가적인 생활비가 더 필요하다고 주장하고 있다. 추가적인 생활비가 남편의 주머니로부터 아내에게 이전되면 남편은 그동안 몰래 다니던 경륜장에도 가지 못하고, 취미 겸 재테크 수단이던 주식투자도 중단해야 한다. 아버지는 아들의 장래를 위하여 어머니의 뜻에 따르기로 하고, 생활비 명목으로 50만 원의 추가적인 돈을 더 어머니에게 주기로 하여 월 400만 원의 월급 중 월 250만 원이 생활비로 쓰이게 되었다. 그렇다면, 이 집안 전체의 부는 줄어든 것인가? 그렇지 않다. 아버지가 경륜이나 주식에 쓰는 돈이 아들의 학원비로 전환된 것뿐이다. 집안 전체적으로 보면 아버지의 월급인 400만 원은 그대로이고, 그 안에서 돈의 쓰이는 곳이 달라진 것일 뿐이다.

기본소득도 이와 같다. 그것은 정부가 복지 명목으로 쓰는 돈을 국민에게 되돌리는 것이다. 나라 전체적으로 보면 국부의 유출은 없다. 단지, 부의 재분배나 이전이 있을 뿐이다. 국가 경제의 주체는 크게 가계, 기업, 정부 이 세 가지가 있다고 볼 때, 이것은 이전적 지출(transfer expenditure)이라고도 할 수 있으며, 기본소득은 정부에서 가계로의 부의 이전에 불과한 것이다. 이것은 최저임금과 달리 사회 전체에 생산의 손실을 주지 않고, 인건비가 원가를 구성하는 한 요소인 것과는 달리 원가와 무관하기 때문에 물가상승을 초래하지 않으면서, 민간의 구매력의 직접적인 증가를 가져온다. 또한, 앞서 말했듯이 소득이 증가한 효과로 인해 여가의 소비가 증가하여 국민이 게을러져서 사회 전체의 생산이 감소하리라는 주장은 앞에서 검토했듯이 근거가 없고, 그 반대로 소비와 생산이 늘어나서 국민경제가 되살아난다고 보아야 한다.

따라서 정부의 소득주도성장 정책은 최저임금의 인상이 아니라 기본소득과 같은 이전적 지출을 통해서 이루어졌어야 했다. 정부는 최저임금 인상으로 월급 생활자의 소득이 늘어서 소비가 늘고 경제가 활성화되리라 주장했지만, 근로자에게로 가는 돈은 자영업자의 주머니에서 나오는 것이다. 최저임금이 인상되면 자영업자의 주머니는 그만큼 더 가벼워지게 되니 자영업자들의 소비는 더 줄어드는 것이 아닌가? 따라서 소비가 촉진되는 효과는 그만큼 감소하는 것이 아닌가? 또한, 최저임금을 논할 때도 언급했지만, 최저임금 인상의 혜택을 보려면 반드시 종속근로자로 고용되어 있어야만 한다. 그러나 1명이 10억 원을 쓰는 것보다 10명이 1명당 1억 원을 쓰는 것이 경제 활성화가 빠르며, 10명이 1명당 1억 원을 쓰는 것보다 100명이 1명당 1,000만 원을 쓰는 것이 경제 활성화가 빠르다. 돈의 순환이나 경제 활성화의 측면에서도 당연히 기본소득이 최저임금 인상보다 그 효과가 더 빠르고 크며 확실하다. 분업(分業)의 논리는 생산뿐만 아니라 소비에서도 타당하다. 이렇게 되는 이유는 자명하다. 사람들은 그들이 가진 돈의 액수가 적고 소득이 적을수록 그들의 즉각적이고도 기본적이면서 긴급한 수요를 충족하는 데 돈을 쓴다. 예를 들어, 소득이 적을수록 생활필수품에 먼저 돈을 쓰고, 그러고도 남음이 있으면 여가 생활에 돈을 쓰든가 저축을 한다. 그러나 소득이 계속 커지면 여가를 넘어서 사치나 투자에도 돈을 쓰게 된다. 그런데 생활필수품은 문자 그대로 생활에 필수적이기 때문에 거의 매일 그것을 사용하지 않을 수 없다. 그러나 사치재는 어떤가? 또는, 사치재는 아니지만 엄청난 가격 때문에 사치재와 거의 같이 취급되는 집은 어떤가? 내 집 마련이 꿈이었던 시대가 있었고, 그것은 현대를 살아가는 우리에게도 지상 최대의 과제가 될 정도로 변변찮은 집 하나를 구하려 해도 일반 월급쟁이가 상상할 수 없는 막대한 금액이 필요하고, 그 금액을 마련하기 위해 몇십 년의 저축이 필요하며, 계약부터 등기 이전의 완료까지 적게는 몇 개월에서, 많게는 몇 년이 걸릴 수도 있다. 생활에 필수적이라고 볼 수 있지만 때에 따라서 사치재로 볼 수 있는 자동차의 경우는 어떤가? 자동차의 구매 또한 슈퍼에서 과자를 구매하듯 간단히 결정되는 것이 아니다. 신중하게 재고 따져서 구매하기까지 많은 시간이 소요된다. 또는, 가진 것이 많은데 그 돈을 더 키울 생각으로 가발 사업을 한다고 해보자. 공장 부지를 매입하고 공장 건물과 직영점을 짓는 데도 많은 시간이 필요하다. 하루 생활비가 1, 2만 원 안팎인 사람에게 1만 원을 주고 하루에 걸쳐 그 돈을 쓰라고 하면, 대부분은 고민할 필요 없이 식비, 교통비 등에 다 쓰거나 1만 원을 추가로 받은 날은 횡재했다고 생각해서 평소에 갖고 싶었던 필기구나 책을 사는 데 이 돈이 쓰일 것이다. 이러한 소비는 큰 고민할 필요 없이 즉각 이루어진다. 그러나 그에게 1,000만 원을 주고 하루 만에 다 쓰라고 하면, 그는 고민하게 된다. 1,000만 원으로 필기구 천 개를 구매하지 않을 것이고, 책 천 권을 구매하지 않을 것이며, 버스를 만 번 타지 않을 것이기 때문이다. 즉, 돈은 그 크기에 따라 성격이 달라지는데, 적을수록 소비재에 가깝고 커질수록 사치재·투자재에 가까워진다. 따라서 금액이 적을수록 그것을 쓰는 것에 거리낌이 없으며 소비가 빠르고 거의 매시간에 걸쳐서 이루어지지만, 금액이 많을수록 그것을 쓰기를 망설이게 되고 소비가 이루어지는 데 오랜 시간이 걸리게 된다.

그러므로 적은 사람이 많은 돈을 갖는 것보다 많은 사람이 적은 돈을 갖는 것이 돈의 순환이라는 측면만을 보면 효과가 더 크다고 볼 수 있다. 이런 의미에서, 최저임금은 고용된 근로자에게만 부를 집중해서 돈의 순환을 기대는 것이고, 그마저도 기존 취업자를 더 줄이고 미취업자나 자영업자 등의 소득 감소는 신경을 쓰지 않는다. 그에 반해 기본소득의 경우 장애인, 미취업자, 퇴직한 고령자, 취업자, 자영업자 등 모두를 가리지 않고 지급되므로 더 빠르고 확실한 경기 순환 효과를 기대할 수 있다.

기본소득을 충분히 지급하기 위해서는 ① 경제적 효율성을 해치지 않아서 국부(國富)를 최대한으로 키워야 하고, ② 이를 위해 생산 활동을 제약하는 최저임금이나 잘못된 조세제도(후술함) 등을 개혁해야 한다. ③ 따라서 약자에 대한 배려는 최저임금이나 누진세 제도(후술함) 같은 방식보다는 기본소득과 같이 정부가 국민에게 경제적 자원을 지급할 때 고려되는 것이 바람직하다. 즉, 경제적 약자에게 줄 때 더 주는 것이다. 다음은 최저임금과 기본소득의 경제적 생산량의 차이를 그림으로 나타낸 것이다.

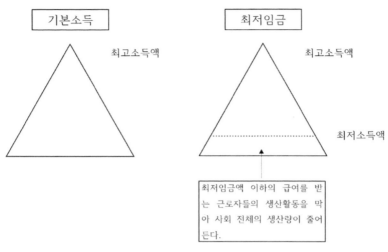

〈그림 1〉 최저임금과 기본소득 간 생산량 비교

　위의 삼각형은 한 사회가 달성할 수 있는 최대의 생산량을 나타
낸 것이다. 삼각형의 아래로 내려갈수록 소득이 낮고, 위로 올라갈
수록 소득이 높다. 최저임금의 경우 최저임금액 이하의 급여를 받는
근로자들의 생산 활동을 금지하는 효과로 인해 사회 전체의 총생산
량이 줄어들게 되는데, 이렇게 되면 당연히 기본소득으로 돌아가는
몫도 줄어들게 된다. 기본소득과 같이 정부에서 민간으로 경제적 자
원이 이전하는 경우는 이러한 부작용이 없다.

제5절 사회보험도 있는데 왜 굳이 기본소득인가?

　기본소득에 대해 소극적인 여러 가지 이유 중 하나는 이미 사회

보장제도가 잘 정착되어 있는데 굳이 제도를 바꾸어가며 모험을 감수할 필요를 못 느끼는 데에 있다. 만족스럽지는 않지만 그래도 실직의 위험에서 어느 정도 근로자를 보호해 준다고 생각되는 실업보험이나 근로자의 업무상 재해에 대한 산재보험, 일정 연령 이상이 되어 자격요건에 해당하면 받는 국민연금, 그리고 대한민국이 다른 선진국들과 비교하여 가장 자부심을 느끼는 의료보험제도 등의 존재만으로도 다소 불만이 있더라도 기존 제도의 안정성에 의심을 품지는 않는 것이다.

왜 사회보험이 아니고, 기본소득인가? 이것은 사회보험과 기본소득의 성격에서 고찰해보아야 할 필요가 있다. 일반 사람들의 생각은 사회보험이 다소 공평성이 떨어지고 시의적절하지 못하게 행해지는 측면이 있긴 하지만, 어려운 처지에 있게 된 사람에게 또한 어려운 상황인 경우에만 선별적이고 우선하여 도움이 이루어지기 때문에, 불필요한 비용이나 행정력의 낭비가 없는 반면에, 기본소득은 부자나 가난한 자, 여유가 있는 자와 긴급한 자를 가리지 않고 무차별적으로 도움을 주기 때문에, 재정 낭비가 심하고 형평성에 어긋난다고 보는 것이다. 그러나 사회보험의 바로 그 점 때문에 초래되는 문제점들이 있다는 것은 알기가 어렵다. 기본소득이 사회보험과 비교했을 때 갖는 장점을 세 가지 측면에서 고찰해보고자 한다.

첫째, 근로자의 근로의욕의 측면에서 기본소득은 그것에 중립적이지만, 사회보험은 근로의욕을 꺾을 수 있다는 점이다. 다음과 같은 상황을 생각해보자. 갑이라는 사람이 의도치 않게 비자발적으로 실업자가 되었다. 갑은 실업 전에 회사로부터 주 5일, 하루 10시간에 월 100만 원의 급여를 받고 있었는데, 실업 후 주 3일, 하루 5시간,

월 50만 원의 아르바이트를 하게 되었고 정부의 실업급여가 월 50만 원이라고 하자. 만약, 실업급여가 갑이 취업할 때까지 무제한으로 주어진다면 갑은 구직활동에 소극적일 확률이 높다. 근무량이나 근무시간 측면에서 실업 후가 실업 전보다 적은 상태에서, 실업 후에 수령할 수 있는 금액과 실업 전에 수령할 수 있는 금액은 100만 원으로 같기 때문이다. 즉, 적게 일하고도 더 많은 급여를 받는 것과 같아지게 되는 것이다. 이러한 형태의 실업급여가 근로의욕을 저해하는 이유는, 근로를 하게 되면 받고 있던 보험급여를 박탈당하게 되고, 어떠한 이유로든 근로를 하지 못하게 되면 보험급여라는 보상을 받게 되는 것에서 기인한다. 원래 국가의 상벌(賞罰) 시스템은 근로를 열심히 하는 자에겐 보상을 주고, 게으름을 피우는 자에게는 페널티가 주어지는 것이 이상적이다. 그러나 실업급여 형태의 보험은 그 반대가 되므로 바람직하지 못하다. 즉, 사회보험 시스템은 정부가 정한 최저생계기준액을 정해 놓고, 이 최저생계기준액과 피보험자가 벌어들이는 소득과의 '차액'을 지급하는 것이며, 이것은 최저생계기준액까지 피보험자가 벌어들이는 소득에 100%의 소득세를 부과하는 것과 같다.27)

반면에, 기본소득은 근로 여부와 관계없이 주어지는 것이므로 일

---

27) 이러한 현상을 경제학에서는 보험급여의 대체효과라고 한다. 좀 더 정확한 이해를 위해 다음과 같은 설명을 덧붙이고자 한다. A라는 사람의 1시간당 급여는 100원이고, 정부가 정한 최저생계비는 1,000원이다. 이 사람이 최저생계비 이하의 소득만을 번다면, A에게 부과되는 소득세는 없다. 최저생계 기준액과 최저생계 보호 대상자가 벌어들이는 소득과의 '차액'을 지급하는 복지 제도라면, A가 아무 일도 하지 않을 때는 정부로부터 1,000원을 받는다. A가 1시간 일을 하여 100원의 급여를 받으면 100원(급여) + 900원(정부 수당) = 1,000원이다. A가 2시간을 일한다면 200원(급여) + 800원(정부 수당) = 1,000원이다. A가 3시간을 일한다면 300원(급여) + 700원(정부 수당) = 1,000원이다. 즉, A가 1,000원 이하의 소득을 버는 한, 근로 여부와 상관없이 받는 급여는 1,000원으로 같다. 이것은 A가 벌어들이는 소득만큼 정부 수당을 그만큼 줄였기 때문이다. 일하면 일한 만큼 소득이 늘어야 하는데, 일해도 소득이 늘지 않는 것과 같으므로 A가 벌어들이는 소득에 100%의 소득세를 부과한 것과 같은 효과이다.

할지 말지 선택의 문제에 대해 중립적이다. 기본소득은 앞에서 언급하였듯이, 부의 이전에 불과하다. 기본소득으로 지급되는 금액이 국가가 가지고 있으면 큰 국가, 큰 정부이며, 보건복지부가 비대해지고 할 일이 많아지는 것이고, 국민이 가지고 있으면 기본소득이라고 불리는 것이며, 작은 국가, 작은 정부이며, 보건복지부가 작아지고 할 일이 적어지는 것이다. 즉, 사회 전체의 부(富, Wealth)에는 변동이 없다. 그러나 사회보험의 실시로 근로의욕이 감소하고, 장기 실업자나 미취업자가 많아지면 어떤가? 당장 국민 총생산에 감소가 예상되는 것은 당연하지 않은가? 과연 이 둘 중, 무엇이 더 낭비인지 생각해 보면 답은 간단한 것이다.

둘째, 사회보험이 사후적 성격을 갖는다면 기본소득은 사전적 성격을 갖는다는 것이다. 범죄는 그것의 처벌보다는 예방이 더 좋은 것이다. 경찰이 많은 국가보다는 경찰이 필요 없는 국가가 더 좋은 국가이다. 앞에서도 논의했지만, 기본소득은 사전적인 최저 생존의 보장이고, 사회 보장제도는 사후적인 것이다. 현재 시행되는 사회보험의 혜택을 받으려면 반드시 어려움에 빠진 사람이 스스로 본인의 어려움을 입증해야 한다. 또한, 엄격한 심사를 거쳐서 그가 굶어 죽지 않고 자살하지 않을 정도의 최소한의 도움만이 지급되는 것이 원칙이다. 그 이상 더 큰 혜택을 부여하면 그가 자력으로 갱생하려는 의지를 약화한다고 보기 때문이다. 그러나 이러한 자력갱생의 의지는 보험급여의 액수의 크기에 따라 달라지는 것이 아니라, 앞에서도 언급한 것처럼 그것의 선별적·사후적 성격에 기인하는 것-경제학에서 말하는 대체효과-이라는 점은 앞에서 설명하였다. 기본소득의 목적 자체가, 적어도 이 책에서 정의한 바에 따르면, ① 일정 액수의 최저생계비를 지원받음으로써 실질적으로 생계를 보장하여 생리적 욕구를 충족시키고, ② 이 최저생계비를 성별, 나이, 지역, 소득 유무와 관계없이 평생 받음으로써 심리적 불안을 제거하여 안전 욕구를 충족시키는 데 있다. 그래서 생리적 욕구와 안전 욕구를 충족시켜서 더 나은 단계의 욕구로 개인과 사회를 이행시키는 것이다. 그러나 사회보험은 어떤가? 반드시 어려워진 후에라야 도움이 행해지며, 그마저도 필요 최소한의 정도에만 그친다. 따라서 산업구조의 변화나 경기 불황의 이유로 비자발적 실업에 처한 사람의 경우 안전 욕구-때에 따라서 생리적 욕구- 이상의 욕구 추구가 어려워지게 된다. 사회 구성원이 저차원의 욕구에 머물러 있을 때 사회가 겪는 손실은 앞에서 설명한 바와 같다.

셋째, 사회보험이 현금보조·현물보조·가격보조의 조합으로 이루어진다면 기본소득은 현금보조의 형식으로만 이루어진다는 점에 있다. 정부가 저소득층을 돕는 방법은 여러 가지가 있다. 저소득층에 속한 사람이 집에 쌀이 없어서 굶고 있는 상황을 생각해보자. 정부가 이 사람을 돕는 방식은 다음과 같은 세 가지가 있다.

① 현금 10만 원을 그에게 지급하고 그가 쌀을 구매할 수 있도록 도와준다.
② 정부에서 10만 원어치에 해당하는 쌀을 그에게 지급한다.
③ 그가 쌀을 구매할 때 쌀 가격의 일정 부분을 보조(할인)해 준다.

①의 쌀 가격에 해당하는 돈을 직접 저소득층에게 지급해서 저소득층 스스로 쌀을 구매하도록 하는 것이 '현금보조'이다. ②의 10만 원어치에 해당하는 쌀이라는 물품을 저소득층에게 지급하는 것을

'현물보조'라고 한다. ③의 형태로 보조하면 저소득층이 물건을 구매할 때 값이 싸지는 효과가 있게 되므로 이것을 '가격보조'라고 한다. ②의 현물보조의 경우 쌀을 받은 저소득자가 받은 쌀을 되팔 수 있는 시장이 형성되어 있다면 쌀을 받은 것은 10만 원의 현금보조를 받은 것과 차이가 없다. 즉, 현금보조와 현물보조의 효과는 완벽히 같아진다. 그러나 현실에서는 되팔 수 있는 시장이 존재하기 어렵고 되팔 수 있다 하더라도 중간에 거래비용이 많이 소요되므로 현금보조와 현물보조의 효과가 같다고 볼 수는 없다.

같은 10만 원을 정부에서 저소득자에게 주어도 그 형식이 현금을 지급하는 방식인지 현물을 지급하는 방식인지 물건을 살 때 가격을 할인해주는 방식인지에 따라 받는 자의 만족감이 달라진다. 10만 원에 해당하는 현금을 지급하는 경우에 받는 자의 만족이 가장 높다. 10만 원의 현금으로 그가 원하는 물건의 조합을 그의 의지대로 고를 수 있기 때문이다. 저소득자가 쌀보다 라면을 더 좋아한다면, 현금보조를 현물보조보다 더 선호할 것이다. 10만 원의 돈을 받으면 8만 원은 라면을 구매하고 2만 원은 쌀을 구매하는 형태로 소비의 조합을 선택할 수 있기 때문이다. 그러나 쌀이라는 현물의 형태로 받게 되면 그것으로 라면을 먹을 수는 없게 된다.

그렇다면, 혜택의 총량이 10만 원으로 같다고 할 경우, 쌀을 받는 현물보조와 쌀을 구매할 때마다 쌀 가격의 혜택을 받게 되는 가격보조 중 어느 것이 저소득자에게 더 큰 만족을 가져다줄까? 결론부터 말하면, 현물보조는 가격보조보다 받는 이에게 더 큰 만족감을 준다. 갑이라는 저소득자의 소득이 월 50만 원이라고 가정해보자. 쌀은 생활필수품이므로 -개인의 성향에 따라 소비량에 차이는 있겠지만- 고정적으로 일정량이 소비된다. 정부가 저소득자인 갑에게 10만 원어치의 쌀을 지급하면 10만 원어치의 현금을 받는 것은 아니지만, 그것과 비슷한 효과가 생긴다. 갑이 그의 월 소득 50만 원으로 8만 원은 쌀을 소비하고 20만 원은 월세를 내고, 나머지 22만 원은 생활비에 쓴다고 하자. 이 상황에서 정부가 그에게 10만 원어치에 해당하는 쌀을 지급하면 그는 현금 8만 원을 받은 것과 같아지게 된다. 그가 달마다 쌀을 구매하는 데 쓰이는 8만 원을 쌀을 구매하지 않고 생활비에 쓸 수 있게 되어 그의 생활비가 30만 원으로 증가하는 효과를 보게 되기 때문이다.

그러나 쌀을 구매할 때마다 그 가격을 할인해주는 방식으로 도움을 주게 되면 갑은 앞에서 현물로 보조받는 경우보다 만족감이 떨어질 수밖에 없다. 갑이라는 사람이 한 달에 5kg의 쌀을 소비한다고 하자. 그런데 정부가 생활이 어려운 갑에게 쌀을 1kg 구매 시 1만 원을 지급한다고 하면, 갑은 10만 원어치의 보조를 받기 위해 쌀을 10kg을 구매해야만 한다. 그러나 이 과정에서 갑은 먹지도 않을 쌀 5kg을 보조를 받기 위해 억지로 구매해야만 한다. 이것은 10만 원어치의 현금을 받거나 10만 원어치의 쌀을 받는 것보다 분명히 손해이다. 만약 본인이 먹을 5kg만 구매한다면 그는 5만 원의 보조밖에 받지 못하게 되는 것과 같다. 앞에서 한계효용체감의 법칙을 언급한 바가 있다. 하나의 재화를 소비할수록 그 재화의 소비로부터 얻는 만족감이 지속해서 하락하는 현상을 한계효용체감의 법칙이라고 한다. 가격보조의 혜택을 얻으려면 그 가격보조의 대상이 되는 물건을 구매해야만 그 혜택을 얻을 수 있다. 그러나 하나의 물건을 지속하여 소비할수록 그것으로부터 얻는 만족감은 지속해서 하락하게 되어있다. 10만 원어치 쌀을 소비하는 것보다 2만 원은 쌀을, 3만 원은 빵을, 3만 원은 음료수를, 2만 원은 옷을 구매하는 것이 더 큰 만족을 준다. 따라서 10만 원에 해당하는 보조금을 얻기 위해 쌀이라는 하나의 품목을 계속 구매하는 것보다는 10만 원의 현금을 받거나 10만 원에 해당하는 쌀을 받는 것이 받는 이에게 더 큰 만족감을 준다. 결론적으로, 만족감의 순서는 현금보조가 현물보조보다 받는 이에게 더 큰 만족을 주고, 현물보조가 가격보조보다 받는 이에게 더 큰 만족을 준다.

그런데 정부가 기초생활수급자나 장애인과 같은 사회적 약자를 도울 때는 현금보조의 방식만 쓰는 것이 아니라 현금·현물·가격보조 세 가지 방식을 모두 같이 쓴다. 같은 100만 원에 해당하는 경제적 도움을 주더라도 100만 원을 전부 현금으로 주는 것이 아니라, 50만 원은 현금, 30만 원은 쌀이나 생리대, 20만 원은 정부나 지방자치단체가 지정한 상점에서 물건을 구매할 때 가격을 할인해주는 방식을 병용하는 것이다. 왜 이런 비효율적인 방식을 채택한 것일까? 이것은 국가와 그 구성원인 시민을 바라보는 시각에서 비롯된다.

부모가 자식의 장래를 걱정하는 것처럼 국가가 국민의 안녕과 복지를 위해 국민의 경제적 선택의 영역에 개입해도 된다고 보는 관점을 온정주의(paternalism)적 관점이라고 한다. 이것은 사적 재화 중에서도 가치재라 여겨지는 의료, 교육, 복지 등의 영역에서 특정 재화나 용역의 소비를 강제하는 방식으로 행해진다. 고등학교까지의 무상 교육은 교육을 받을 권리의 측면도 있지만, 한편으로는 학교에 가기 싫어도 무조건 가야 하는 의무이기도 하다. 경제적 취약계층에게 현금을 주지 않고 쌀과 같은 생활필수품을 현물로 주는 것도 이에 해당한다. 온정주의 그 자체의 취지는 어느 정도 수긍이 된다. 자신을 가눌 수 없는 사람에게는 타율적인 도움이나 강제가 필요할 때가 있다. 실제로 이러한 방식은 이제까지 대한민국의 국가 성장의 밑거름이었다.

그러나 이러한 온정주의적 관점의 행정은 몇 가지 단점을 내포하고 있다. 첫째는 앞에서 언급한 대로 같은 금액의 돈을 써도 현물보조가 현금보조에 비해 받는 자의 만족감이 낮아지게 되는 것처럼 온정주의 그 자체는 이미 받는 자의 최대한의 만족을 실현하지 못하게 만든다. 따라서 복지 행정이 비효율적인 방향으로 흘러갈 수밖에 없게 된다.

둘째는 온정주의적 관점의 복지 행정은 그것의 시행 과정에서 혜택을 받는 자로 하여금 자존감을 하락시키고 의존적으로 만들 수 있다는 점이다. 온정주의적 복지 행정의 가장 큰 특징은 정부가 사회적으로 가치가 있다고 생각하는 재화나 서비스를 강제적으로 소비하게 한다는 것이다. 이러한 특성은 정부의 복지 서비스를 현금서비스가 아닌 현물이나 가격보조 형식으로 만드는 주요한 원인이 된다. 그러나 현물보조나 가격보조는 앞에서 말한 경제적으로 비효율적인 면 외에도 그것을 받는 자의 자존감을 약화할 수 있는 부작용이 있다. 생리대가 필요한 소녀 가장에게 생리대를 살 돈이 아니라 생리대를 구청에서 받아 가게 하는 경우를 생각해보자. 식당에서 현금이 아닌 복지 카드로 물건을 구매하는 저소득층 가정의 어린이를 생각해보자. 복지의 목적은 무엇인가? 불쌍한 복지 수급자를 단순히 인도적인 차원에서 돕자는 것인가? 그렇지 않다. 복지는 원래 자유를 누려야 할 시민이나 국민이 경제적인 어려움 때문에 자유와 독립이 상실되면 안 되기 때문에, 그런 경제적인 어려움을 일시적으로 해소해주는 것이 그 주된 이유이자 목적이다. 그러므로 가장 좋은 복지는 경제적으로 어려움에 처한 사람이 경제적으로 힘들어지지 않도록 돕긴 하지만, 그들의 국민으로서의 자존감이나 독립심을 꺾어서는 안 되는 것이다. 현물을 주고받는 과정에서 생기는 복지 수급자로서의 자리매김은 그것 자체가 하나의 낙인효과(stigma effect)를 일으키고 수급 혜택을 받는 자로 하여금 의존적으로 만들 수 있다.

셋째는 온정주의적 복지 행정의 확대·강화는 국민을 공화제적인 시민(市民)의 덕성(德性)이 아닌 군주제·노예제적인 신민(臣民)의 덕성을 배양시킬 수 있다는 점이다. 이 점은 앞에서 언급한 두 번째 문제점과 연장선에 있는 것으로 볼 수 있다. 사람의 본성을 살펴보자. 사람은 생존의 욕구가 죽음의 욕구보다 강하며, 발전의 욕구가 퇴보의 욕구보다 더 강하다. 생존 및 발전은 인간의 자연적인 본성이다. 자연적 상태에서 사람은 굶어 죽을 생존의 위기에 처하게 되면, 스스로 먹이를 찾아 나서며 사냥을 더 잘하기 위해 칼을 갈고 화살을 만든다. 논밭의 생산량을 높이기 위해 달력을 만들고 농법(農法)을 개발한다. 인간에게 있어서 자기 생존·보존·발전·확장의 욕구는 자기파괴·퇴보의 욕구보다 더 강하다. 자살과 같은 자기 파괴의 극단적인 면은 극히 예외적이고 절망적인 상황에서만 발현되는 것이다. 인간의 이러한 면을 고찰하면 복지에 있어서도 현물·가격보조의 형태보다 현금보조의 형태가 원칙이 되어야 하는 것은 자명하다. 각 개인은 그들에게 필요한 물품이 무엇인지 정확히 알 수 있다. 좀 더 자세히 말하면, 각 개인은 그들의 발전과 성장에 무엇이 필요한지 아는 것이다. 힘을 써야 하는 운동선수는 100만 원 중에 많은 부분을 소고기로 식사하는 데 쓰고, 나머지 돈은 헬스장에 등록하거나 좋은 운동화를 사는 데 쓸 것이다. 글을 쓰는 작가는 식사는 간단한 죽으로 때워도, 유명 작가의 전집(全集)을 구매하는 데에는 몇십만 원의 돈을 쓸 수 있는 것이다. 그런데 이러한 개인의 사정을 고려하지 않고, 정부에서 일률적으로 모든 개인에게 소고기를 먹게 한다든가 교양이 필요하다는 이유로 전집을 강제로 구매하게 하면 개인의 발전 가능성은 저해될 수밖에 없다.

혹자는 어려운 계층에게 쌀이 아닌 현금을 주면 쌀이 아닌 술을 사 먹을 수 있다고 주장한다. 그러나 쌀을 사지 않고 술을 사는 것은 그럴 만하니까 술을 사는 것이다. 어느 누가 당장 굶어 죽게 되었는데 술을 구매하겠는가? 사람은 누구나 자기 파괴의 본능보다는 자기 발달의 욕구가 더 강하다. 어느 누가 처음부터 본인을 망치려 하겠는가? 본인이 이루고자 하는 것이 좌절되었을 때, 불의의 사고로 그의 몸을 가누지 못하게 되었을 때, 본인의 능력으로는 아무것도 본인이 처한 상황을 바꿀 수 없다고 생각될 때 자기 파괴의 성향이 발현되는 것이다. 이것은 심리학에서 말하는 일종의 반동형성에 비유될 수 있다. 이러한 자기 파괴 성향이 극단적으로 발현되면 자살이라는 선택에 이르게 되는 것이다. 자기 보존·발달의 본능이 자기 파괴의 본능보다 앞서는 것이고 일반적이라면, 국가의 정책 또한 이러한 본성에 맞게 조정되어야 한다. 현금보조가 원칙이 되어야 하고 현물·가격보조는 예외가 되어야 한다. 술을 사게 되는 원인을 규명하고 고치려 하지 않고, 술을 구매하는 것 자체를 문제 삼아 다른 좋은 것을 구매할 가능성을 제한하는 것은 온당하지 않다. 현물급여는 금치산자나 한정치산자와 같은 예외적인 사람과 상황에서만 적용되어야 한다. 원칙이 되어서는 안 되는 것이다. 복지 수급자에게 현금을 주지 않고 현물을 주는 것은 잠재적으로 정부의 선택이 개인의 선택보다 더 우월한 것이며, 개인은 올바른 선택을 할 능력이 없음을 전제하는 것이다. 기본소득과 같은 현금 급여는 그것을 받는 자로 하여금 자신에게 필요한 물품을 선택할 기회를 주고 스스로 성장할 기회를 제공한다. 자신의 선택에 책임을 지게 한다. 그러나 현물급여나 가격보조는 스스로 선택할 기회가 없고 따라서 선택에 대해 스스로 책임지는 것도 없다. 주어지는 것만을 받아먹는 수동적인 입장에 서게 되는 것이다. 국가라는 주인이 주는 일방적인 시혜에 기대게 만들며 이것은 시민이 아닌 군주제나 노예제에서 노예의 품성인 것이다.

넷째는 정부 기구가 방대해지고 그에 따라 과다한 행정비용이 소모될 수 있다는 점이다. 앞에서도 언급했지만, 기본소득이든 사회보험의 형식으로 정부로부터 보조를 받든 그것은 부의 이전이므로 자원의 이동이나 재분배에 해당한다고 볼 수 있다. 따라서 이동 과정에서 그것의 효율성 상실이 최소화되는 것이 바람직하다. 사람들의 일반적 인식 중의 하나는 사회보험에서의 보조 혜택은 필요한 한도 내에서 선별적으로 지급되는 것이므로 정부 기구가 축소되고 행정이 낭비 없이 효율적으로 이루어지고, 기본소득은 무차별적 급여이므로 정부 기구가 불필요하게 방대해지고 정부 기구도 커지리라 생각한다는 점이다. 그러나 실상은 그 반대이다. 조건에 맞는 사람만을 가려내는 작업과 그 선별이 잘못되었을 때의 후속 관리 등의 대책을 위해서는 보다 복잡한 규정과 절차가 요구된다. 법령이 필요 이상으로 복잡해지고 그것의 시행을 위한 행정력 또한 과도하게 소모된다. 복지 수급을 받기 위한 사람들의 협력 비용도 늘어나게 된다. 이것은 현재 시행되고 있는 세법의 문제점과 일맥상통한다. 세법이 추구하는 경제적 효율성과 납세자 간 형평성의 상충을 조화롭게 하려고 얼마나 많은 규정과 그 규정의 예외들이 필요한지는 모두가 주지하는 사실이다. 그런데 세법이 복잡할수록 국세청을 비롯한 과세당국의 규모도 커지고 탈세자를 제재하기 위한 행정력도 과다하게 소모된다. 그뿐만 아니라, 복잡한 세법으로 인해 사업자, 특히 영세한 사업자일수록 그것의 숙지가 어려워지고 회계사나 세무사 등의 도움이 필수적이다. 때에 따라서 10만 원의 세금을 납부하기 위해 15만 원에서 20만 원이 소모될 수도 있다. 납세자가 납세를 규정에 맞게 제대로 하기 위해 드는 비용을 납세협력비용이라고 하는데, 복잡한 규정은 이러한 행정 서비스 공급자의 행정비용뿐만 아니라 행정 서비스 수요자의 협력 비용 또한 증가시키게 된다. 기본소득은 그것의 성격상 절차와 규정이 사회보험의 그것보다 훨씬 더 간단할 수밖에 없고, 그에 따라 낭비되는 비용이 적다.

얼마 전 한 기사에서 정부가 새로운 시대에 맞춰 복지 사각지대에 처한 계층의 보호를 위해 복지 수급 대상을 확대하고, 그와 더불어 각 개인에게 맞는 맞춤형 복지 서비스를 지원하고 단순히 물질적인 도움만 주고 그치는 것이 아니라 수급자의 만족을 위해 세심한 배려를 아끼지 않겠다는 내용이었다. 이러한 정책의 취지나 방향은 바람직하다. 그러나 생각해보면 이것은 불가능한 것을 가능하게 만들겠다는 선언에 지나지 않는다. 개인 맞춤형 복지는 개인만이 할 수 있는 것이다! 정부가 적게는 수십만에서, 많게는 수백만에 달하는 사람들의 취향을 알아내서 그에 맞는 복지를 어떻게 제공할 수 있겠는가. 정부 관계자가 관심법(觀心法)을 취득해서 그들의 기호 체계를 알아맞힐 수 있는 것이 아니지 않은가? 오히려 개인 맞춤형 복지를 시행하려고 하면 복지 관련 공무원 수의 증원이 필요하고, 정부 기구와 행정이 복잡해지고 방대해지며 그에 관련한 세금도 더 걷어야 한다. 이것은 우리가 사회복지단체에 기부할 때, 우리가 지불하는 돈의 얼마만큼의 비율이 그것을 필요로 하는 사람들에게 돌아가는지 생각해보면 자명해진다. 사회복지기구에 1,000원을 기부하면 실제 어려운 사람에게 돌아가는 비율은 300원, 200원 정도이고 나머지는 사회복지기구의 유지에 필요한 비용으로 쓰이는 경우가 많다. 사회복지기구가 커질수록 이 비용은 더 커지고 실제 필요로 하는 사람에게 돌아가는 몫은 더 적어진다. 물론, 사회복지기구가 존재함으로 인해서 긍정적인 작용이 있는 것은 사실이다. 그것을 폄훼하려는 의도는 없다. 그러나 정부의 복지 기구는 복지 기구이기 이전에 정부 기구이기 때문에, 정부 기구가 가질 수밖에 없는 관료제적 성격으로 인해 이와 같은 비효율적인 면이 그대로 드러나게 된다.

정리하면, 기본소득의 장점은 사회보험과 달리 ① 국민의 근로의욕을 꺾지 않고, ② 사후적이 아닌 사전적으로 국민을 생계의 위협으로부터 보호하고, ③ 현금·현물·가격 보조를 조합하여 비효율적으로 돕는 것이 아니라, 현금보조의 방식만 사용함으로써 현물·가격보조가 초래할 단점을 피할 수 있고, ④ 국민을 군주제·노예제적 신민(臣民)의 덕성이 아닌 공화제적 시민(市民)의 덕성을 배양하며, ⑤ 행정주체의 규모를 줄이고 행정의 절차와 규정을 간소화하여 행정에 소모되는 비용을 최소화할 수 있다는 점이다.

제2장 기본소득이 사회 전반에 미치는 파급효과

제1절 기본소득은 범죄를 줄인다.

인류가 생긴 이래, 많은 갈등과 분쟁이 있었고, 인류는 그러한 갈등과 분쟁을 조정하기 위해 도덕, 법, 종교 규율 등을 만들었다. 이러한 것들은 인간들의 욕망이나 공격성에 근거한 공동체 파괴 성향을 제어하기 위해 고안된 것들이다. 이러한 제어수단인 규율의 극단에 형벌이 존재한다. 일반적으로 강한 형벌은 강한 범죄를 억제하는 것으로 인식됐다. 형벌이라는 고통의 합이 범죄를 통한 쾌락의 합보다 더 크지 않다면 형벌의 범죄 억제 수단이 효과적이지 않으리라는 가정하에 역사적으로 사형, 고문, 감금, 태형(笞刑) 등의 형벌이 있었다.

그러나 강한 형벌은 그 자체로 바람직하지 못하며, 법을 행사하는 주체인 국가로 하여금 자기 모순적인 행동을 하게 만든다. 담배를 피우는 아버지가 담배를 피우는 자식에게 담배를 피우지 말라고 하는 것은 자기 모순적인 행동이다. 도박을 끊지 못하는 아버지가 게임중독자인 자식에게 게임을 하지 말라고 하는 것은 설득력이 떨어진다. 사람을 죽인 자에게 사형을 통하여 그 죽인 자를 죽이는 것은 이것과 같은 종류의 모순이다. 감금죄를 범한 자를 금고형(禁錮刑)에 처하는 것은 개인이 다른 개인을 감금하지 말 것을 강제하는 국가가 그 규율을 스스로 어긴 것이다. 타인의 재물을 강탈(強奪)한 자에게 벌금형을 부과하는 것도 마찬가지로 볼 수 있다. 이처럼 형벌은 그 자체로 자기 모순적 성격을 갖고 있다. 이것이 형벌의 본질적 한계이다.

또한, 형벌은 일정 한도 이상으로 수위를 높일 수 없기 때문에, 범죄의 억제 효과 측면에서도 의문이 있는 제도이다. 벌금형과 같이 100만 원을 훔친 자에게 110만 원의 벌금형을 과하면 이것은 범죄의 억제 효과가 있는 것으로 볼 수 있다. 그러나 금액으로 수치화하기 어려운 종류의 형벌, 예컨대 사형의 경우를 살펴보자. 사형은 형법 체계 내에서 과할 수 있는 것 중에 가장 수위가 높은 형벌이다. "사람을 죽인 자는 사형에 처한다."라는 법문(法文)은 매우 공정한 것처럼 보이지만, 죄를 저지르는 입장에서는 전혀 손해가 아닐 수 있다. A라는 사람이 한 명의 사람을 죽이면 A는 사형에 처하게 된다. 그러나 A가 한 명이 아닌 몇십에서 몇만에 이르는 사람을 죽이면 사형을 몇십 번에서 몇만 번을 과할 수 있는가? A라는 사람이 한 명의 사람을 무심코 죽이고 이득을 얻었다면, 그는 그다음 살인을 하는 데 거리낌이 없을 수 있다. 한 명을 죽이나 백 명을 죽이나 그가 받는 처벌은 사형 하나로 동일하기 때문이다.

형벌이 가진 다른 문제점은 어떤 종류의, 얼마만큼의 형벌이 그 형벌을 당하는 자에게 있어서 마땅하고 효과가 있는 것이냐의 판별이 어렵다는 점이다. 같은 사형이라도 그것의 의미는 사형을 받는 사람이 처한 조건에 따라 경중(輕重)이 달라질 수 있다. 갓 성인이 된 자에게 있어서 사형은 90세를 넘긴 시한부의 노인에게 있어서의 사형보다 그 의미가 훨씬 크다. 90세를 넘긴 시한부의 노인에게는 사형보다 1년의 노역형(勞役刑)이 훨씬 더 가혹한 것일 수 있다. 더 나아가, 형벌 수위에 제한이 없는 벌금형마저도 그것이 생계형 범죄를 저지른 자의 경우에는 오히려 범죄를 더 부추기는 결과를 초래할 수도 있다는 점에서 그것의 범죄 억제 효과를 쉽게 인정하기 어렵다.

절도는 대개 장발장(Jean Valjean)과 같이 먹고살기 어려워서 행해지는 경우가 많다. 그런데 남의 집의 빵을 훔친 사람에게 벌금형을 부과하는 것은 그를 경제적으로 더 어렵게 만든다. 먹고살기 어려워서 빵을 훔친 사람에게 벌금형을 부과하는 것은 범죄를 억제하는 것이 아니라 그에게 범죄를 저지를 원인과 환경을 제공하는 것밖에는 되지 않는다. 생계형 범죄를 저지른 자에게 벌금형이 아닌 다른 형벌을 부과해도 그에게 범죄를 저지를 원인과 환경을 조성하는 결과밖에 되지 않는 경우가 많다. 어느 범죄이든 범죄를 저지른 자에게는 전과(前科)가 그에게 따라붙고, 이러한 사회적 낙인은 취업에서의 불이익을 초래하여 그가 생계를 유지하는 것을 더 어렵게 만들기 때문이다. 게다가, 생계가 어려운 가정의 가장이 저지른 범죄에 대한 벌금형은 가장에 대한 형벌일 뿐만 아니라 그의 나머지 가족에 대한 생계를 어렵게 만들어서 무고한 나머지 가족들에게 벌금을 부과한 것과 같은 효과를 가져온다. 그러므로 형벌을 보완할 다른 수단이 요청된다.

기본소득은 사회 구성원들에게 물질의 증가를 가져다준다. 물질은 물질로서만 그치는 것이 아니고, 사람들의 의식, 욕구, 정신에까지 영향을 미친다. 심리학적 관점으로 살펴보면 생리적·안전 욕구를 충족시켜주는 것이다. 따라서 그것의 충족은 사람들을 생리적·안전 욕구가 결핍되었을 때 나타나는 증상들로부터 해방해줄 수 있다. 생리적·안전 욕구가 결핍되었을 때 나타나기 쉬운 현상은 극단적인 이기심과 타인에 대한 혐오 및 공격 성향 등을 꼽을 수 있다. 이러한 성향이 강화·확대되면 범죄에까지 이르게 되는 것이다. 기본소득의 보장으로 생리적·안전 욕구의 충족이 이루어지면, 그다음 욕구인 사랑과 존중의 욕구를 불러일으킬 수 있다. 따라서 기본소득의 보장은 사람들을 예방적으로 범죄로부터 멀어지게 하는 효과가 있다고 볼 수 있다.

일반적 통념에 따르면 지식의 증가는 인간을 자유롭게 하고, 나 아닌 타자에 대한 이해도를 높여줌으로써 상호 간의 이해를 증진하고, 궁극적으로 범죄를 줄일 수 있다고 보았다. 그러나 지식의 증가는 범죄를 줄이지 못했다. 기술의 발달이 전쟁을 줄이기는커녕 핵전쟁이라는 전대미문의 대량 살상을 가능하게 만들었듯이, 인성(人性)의 순화(醇化)를 전제하지 않는 단순한 지식의 증가는 범죄를 줄여주는 것이 아니라 오히려 범죄의 수단을 더 교묘하게 만들어줄 뿐이다. 마치 뱀이 물을 마시면 독을 뿜어내지만, 소가 마시면 우유가 되어 나오는 것과 같은 이치이다. 그러므로 범죄를 줄이고 안전하고 평화로운 사회를 만들려면 지식이나 기술의 향상뿐만 아니라 사회 구성원들의 인성이 바람직하게 형성되어야 그것이 가능해진다.

그렇다면, 인성을 어떻게 하면 바르게 보존할 수 있을까? 역사상 인성에 대한 무수한 논의가 있었다. 이 인성(人性)이라는 개념은 실로 매우 모호한 것이기는 하나, 분명히 그 실체는 존재하며, 그것의 질에 따라 우리 삶의 질과 방향이 달라질 수 있다.

인성을 바르게 보존시키는 첫째 방법은 교육을 통한 함양이다. 분명히 교육은 인성을 형성하는 데 강한 효과가 있다. 사람들은 어릴 때 형성된 반복적이고 지속적인 인상을 거의 무비판적으로 수용하는 데 익숙하며, 그러한 익숙함으로 지금의 세상이 이루어지게 된 것이다. 이것은 구체적으로 사회적 규율의 형태로 행해지게 되는데, 이 규율들을 강제하는 정도에 따라 도덕과 법의 구분이 생기게 된다. 그러나 개인의 욕구와 규율이 충돌했을 때, 개인의 양심은 시험에 놓이게 된다. 사회적인 도덕과 규율이 아무리 훌륭하고 정교하게 갖추어져 있다 하더라도 그것이 인간의 의무감에 호소해야 하는 것이라면, 단순하지만 강렬하고 짜릿한 자극에 의해 쉽게 무너질 수 있다. 인류가 생긴 이래, 예수·석가·공자·소크라테스·칸트 등 유명한 성인 및 철학자들의 가르침과 계율(戒律) 등이 있었으나 그들의 가르침으로도 범죄를 완전히 없애는 데에는 실패하였다.

인성을 바르게 보존시키는 둘째 방법은 인간의 본성에 충실하게 만드는 것이다. 인간의 본성은 원래 범죄와는 거리가 멀다. 인간은 본인의 이익과 관계되지 않으면 타인에 대해 별 관심이 없다. 또한, 젊을 때의 혈기가 왕성한 때를 제외하고는, 인간은 극단적 공격성을 발휘하는 일이 별로 없다. 생리적·안전 욕구가 강한 인간은 웬만해선 위험을 감수하려 하지 않는다. 절대다수의 인간은 큰 선(善)도 큰 악(惡)도 행할 용기와 열정이 없다. 생리적·안전 욕구를 이기적 욕구로, 사랑과 자기 존중의 욕구를 이타적 욕구로 부른다면, 이기적 욕구의 충족은 이타적 욕구의 발현을 부추기게 된다. 실로, 인간은 곳간이 차야 예의와 염치를 알게 되는 것이다. 그러므로 우리가 범죄라고 부를 만한 행위를 인간이 할 때는 그것을 본성에서 비롯된 것으로 보기보다는 예외적인 현상으로 보는 것이 온당할 것이다. 따라서 그가 그러한 예외적인 행동을 하게 만든 사회적인 환경을 잘 관리할 필요성이 제기된다. 공직자의 비리나 일부 지능형 범죄, 사이코패스의 극단적인 경우 등을 제외한다면, 현대 사회에서 벌어지는 범죄 대부분은 기본적 욕구의 불만족으로부터 기인하는 것이다. 기본소득의 보장으로 사람의 기본적 욕구를 누리게 해주면 안전을 중시하는 인간의 본성에 따라 극단적인 공격 성향을 줄일 수 있게 된다. 특히, 생계형 범죄를 대폭 줄일 수 있게 된다. 살인, 폭행, 강도, 강간, 사기와 같은 경찰행정의 부담이 상당 부분 줄어들게 되면, 정치인·공직자 비리나 사이코패스 같은 특수하고 더 다루기 어려운 범죄의 해결에 집중할 환경이 조성될 수 있다.

제2절 기본소득은 행정의 효율성을 높인다.

기본소득은 정부의 복지와 소득재분배 정책에 관한 행정비용을 대폭 감소시키고 그에 수반되는 갖가지 문제점들을 개선할 수 있다. 나는 경제적 효율성을 저해하는 최저임금, 주휴수당, 청년수당, 근로시간 제한 조치, 건강보험·고용보험·산재보험·국민연금·공무원연금·교원연금 등의 모든 사회보장이나 보조금을 없애고 그 부분을 기본소득으로 대체할 것을 제안한다. 상기 언급한 제도들의 목적은 인간의 최저생계와 사람으로서 누려야 할 기본적인 생활을 보장하기 위한 것이다. 그런데 그것은 기본소득으로 가능하다. 위의 제도들이 사람다운 생활을 위해 생겨난 제도라면 가능하면 더 적은 공무원과 덜 복잡한 규정이 국민 입장에서는 훨씬 좋은 것이다. 규정이 복잡하면 행정도 복잡해지고 복잡한 행정은 불필요한 공무원과 관련 비용을 늘리게 되고, 과도한 행정비용은 과도한 증세로 이어지게 되기 때문이다.

위의 복잡한 제도들을 없애고 기본소득을 도입했을 때 이로운 점을 몇 가지 열거하면 다음과 같다. 연금 제도를 예로 들면, 이 제도에 관해 가장 문제가 되는 것 중의 하나는, 같은 국민의 노후 생계를 대비하기 위한 제도인데도 불구하고, 그것이 종사하는 직종에 따라 공무원·교원·국민으로 나뉘어 있다는 것이다. 공무원·교원 연금의 국민연금에 대한 특별 대우는 공무원이나 관료 집단을 국민의 봉사자가 아닌 이익단체처럼 만드는 중요한 역할을 한다. 설사, 관련 법률의 개정을 통해 그러한 이익이 많은 부분에서 사라진다고 하더라도, 현재와 같이 국민연금과 분리되어 운용되는 체제는 항시 그러한 문제를 불러일으킬 수 있는 여지를 남기게 되고, 교원·관료 집단과 일반 국민과의 괴리감을 키우는 데 일조하게 된다. 일반 대중들은 법률의 실질보다 그것의 형식이 주는 인상에 더 크게 좌우되는 법이기 때문이다. 이러한 연금 제도가 사라지고 직종과 관계없이 기본소득으로 일원화되면, 이러한 문제들이 사라지게 된다.

　기본소득의 실시는 각 개인이 위험에 대비하기 위해 지불하는 비용을 현저히 감소시킨다. 일반 국민이기만 하면 기본소득이 주어지므로 노후 대비의 필요성이 줄어든다. 또한, 생계를 위해 하기 싫고 소질이 없는 일을 억지로 할 필요도 없게 되고, 본인이 잘 할 수 있는 일에 집중해서 할 수 있게 되기 때문에, 사회 전체의 효율성이 증대되고 개인의 자아실현도 가능해진다. 정규직이나 공무원이 되기 위해 불필요한 공부를 하거나 관련 자격증을 획득하지 않아도 된다. 오히려 비정규직이 일상화되고 선호될 수 있다. 일할 만큼만 일하고 나머지 시간은 본인이 하고 싶은 다른 일을 하면 되기 때문이다. 따라서 기본소득으로 기본 생존권이 보장됨과 동시에 경제적 효율성을 막는 근로기준법이나 노동조합 및 노동관계조정법 상의 비효율적 제한들을 완화할 수 있다. 사람은 자신에게 맞지 않는 일을 하게 되면 효율을 내기 어려울 뿐만 아니라, 잦은 이직 등으로 사회·경제적으로도 불필요한 비용을 감수해야 한다. 기본소득제도가 시행되

어 위와 같은 문제점이 개선되면, 정부의 근로시간 규제나 연장근로
・야간근로 제한, 임금의 다소(多少) 등 각종 근로조건 준수 여부에 행
정력을 투입하는 대신에 사업장에서의 안전・보건 등과 같은 본질
적 영역에 행정력을 집중할 수 있게 된다. 사회가 복잡해질수록 근
로의 형태는 매우 다양해지게 되는데, 그것을 일률적으로 규제하려
는 목적은 충분히 이해되나, 그러한 규제가 타당한 결과를 가져올지
는 의문을 가질 수밖에 없다.

더 나아가서, 정부 권한의 분산과 그로 인한 지방분권이 시대적
흐름이라면, 기본소득은 그 흐름에 매우 충실한 제도이다. 기본소득
은 큰 정부가 아닌 작은 정부를 지향하는 것이다. 이것은 복지에 관
한 권한을 정부에서 민간으로 이행하는 것이다. 보건복지부를 보건
부로 만드는 것과 같다. 단순한 퍼주기가 아닌 국민의 자유 증대라
고 볼 수 있다. 이러한 결과로 정부의 불필요한 기구와 행정비용이
감소하고, 국방・치안・사법과 같은 본래의 업무 분야에 더 집중할
수 있게 된다. 정부 기구가 방대해지면 세금 중 개인에게 돌아오는
몫(기본소득)이 줄어들 수밖에 없는 것은 당연한 이치이다. 국가에 지불
하는 수수료가 늘어나기 때문이다. 마치 사회복지단체에 1,000원의
기부를 하면 실제 필요한 사람에게 지급되는 돈은 200, 300원에 불
과해지는 것과 같다. 사회복지단체가 커질수록 이 수수료는 더 커지
게 된다. 각 개인은 그 자신의 정부이자 통치자이며, 될 수 있는 한,
그래야만 한다. 기본소득은 그러한 의미에서 각 개인이 그 자신의
정부이자 통치자임을 인정하는 제도라고 볼 수 있다.

제3절 기본소득은 국가의 무역 정책을 수월하게 만들 수 있다.

무역에 관한 논의는 한 권의 책으로 기술해도 부족할 정도로 논의할 거리가 많지만, 지면 관계상, 기본소득과 무역과의 관계에 대해 한정하여 말하자면, 기본소득의 실시는 각종 국책사업과 무역 정책 등의 실시를 수월하게 만든다고 할 수 있다. 역사적으로, 스미스와 리카도(David Ricardo, 1772-1823)를 비롯한 고전학파 경제학자들은 자유무역이 만국의 이익을 증진하며 절대우위와 비교우위에 근거하여 절대적 무역 자유를 주장했지만, 리스트(Friedrich list, 1789-1846)를 비롯한 다른 학자들은 각 나라와 민족이 처한 상황이 다르며, 모든 민족 국가는 생산력의 발전 단계에 따라 야만→목축→농업→농공병존(農工竝存)→농공상(農工商) 병존의 5단계 수준 차이가 존재하기 때문에, 생산력에 있어서 높은 단계의 나라와 낮은 단계의 나라 간의 완전한 자유무역은 생산력이 낮은 나라로 하여금 다음 단계로 이행하는 것을 가로막아서, 생산력이 낮은 단계에 위치한 나라는 다음 단계로 올라서기까지 보호무역이 필요하다고 주장하였다.[28]

무역 정책에 관한 한, 정책을 담당하는 자들은 어느 한 학파의 논리에만 경도되어 절대적 무역 자유를 고집하는 것도, 절대적 보호무역을 고집하는 것도 바람직하지 않다. 리스트가 지적하였듯이, 각 민족이나 국가가 처한 상황이 다르고, 같은 조건이라도 상대 교역국이 어떤 성격의 국가이냐에 따라 무역 정책은 달라질 수 있다. 그것

---

28) 엄밀히 말해서, 리스트는 무조건적인 보호무역을 주장한 것이 아니다. 보호무역 조치가 취해져야 할 경우는 어디까지나 생산력의 단계가 낮은 수준에 있는 국가, 제조업의 발달에 있어서 뒤처진 국가가 그보다 높은 수준에 있는 국가와 자유무역을 할 경우로 국한된다. 보호무역은 제조업의 발달 단계가 낮은 단계에 있는 국가가 취할 수 있는 자국 제조업 보호의 수단인 것이다. 따라서 리스트의 입장에 따르더라도, 제조업의 발달 수준이 상대 교역국보다 높은 위치에 있는 국가의 경우는 보호무역이 아니라 자유무역이 권장된다.

은 실로 국익을 위해 능소능대(能小能大), 능굴능신(能屈能伸) 할 수 있어야 한다고 본다.

그러나 확실한 것은, 한 국가가 국익을 위해 자유무역에서 보호무역으로, 또는 보호무역에서 자유무역으로 정책을 변경하게 되면, 반드시 그 과정에서 이익을 보거나 손해를 보는 업종과 계층이 존재한다는 사실이다. 이 과정에서 각 계층 간의 마찰과 충돌이 생기게 되는 것은, 무역으로 인한 효율성 증대의 혜택이 전 국민에게 골고루 돌아가지 않고 특정 계층에게만 집중된다는 데에 기인한다. 칼도어(Nicholas Kaldor, 1908-1986)는 경제 상태의 변화로 인해 이득을 얻는 사람의 이득의 크기가 손실을 보는 사람의 손실 크기보다 더 커서 그 이득이 손실을 감수하는 사람에게 '잠재적'으로 보상을 하고도 남는 경우에 그러한 경제 상태의 변화는 타당하다고 하였다. 이것을 FTA와 같은 자유무역협정으로 설명하면, 미국과 한국 사이에 자유무역협정으로 자동차와 농업 부문에 관세를 상호 없애기로 하여 두 나라 사이에 무역에 있어서 완전한 개방이 이루어졌다고 하자. 이 무역으로 자동차 산업에서 연간 8조 원의 경제적 이득이 생기고 농업에 있어서는 3조 원의 경제적 손실이 생길 것으로 추정된다면, 칼도어의 주장에 따르면 나라 전체적으로 5조 원의 이득이 생기는 것이므로 이 무역은 타당성이 인정된다는 것이다. 그러나 여기에서 문제점은 이 이득이 국민 모두에게 돌아가는 이득이 아닌 자동차 산업에만 집중되는 이득이라는 것이다.[29] 결과적으로 이 논리는 자동차 산업의 이

---

29) 리스트는 보호무역을 통한 제조업의 육성은 장기적으로 자국의 농업에 대한 수요를 더 크게 일으켜서 자국의 농업도 그 혜택을 더 많이 볼 것이라 주장하였다. 그러나 ① 제조업의 육성 과정에서 발생하는 환경파괴 및 공장 폐수 유출 등으로 인한 농산물에 대한 피해를 고려하지 않고 있는 점, ② 각 경제주체는 정책을 결정하는 담당자와 달리 근시안적일 수 있어서 먼 미래의 이익을 내다보기보다 현재의 손해에 더 집중할 수 있다는 점, ③ A 국(國)이 그보다 제조업에 있

득을 위해 농업 부문의 희생은 정당화된다고 주장하는 것과 다를 바 없다. 이 이득은 어디까지나 이득을 본 자동차 산업이 손실을 본 농업 부문에 실제적 보상을 해주는 것이 아니라, 잠재적 보상을 해준다고 가정하는 것이기 때문이다.

이 문제점을 어떻게 해결해야 할까? 각 산업 부문과 사회 계층의 공평성을 보장하기 위해 분명히 경제적으로 이득이 되는 무역 정책을 비롯한 각종 국책사업 등을 포기해야 할까? 아니면 특정 계층의 손실을 감수하고서라도 효율성을 추구하는 것이 맞는 것일까? 나는 이 문제 또한 기본소득으로 어느 정도 해결 가능하다고 본다. 국민에게 지급되는 기본소득의 액수는 국가의 경제적 상황에 따라 달라진다. 국가의 세수(稅收)가 많다면 국민에게 돌아가는 기본소득의 액수도 많아지고, 세수가 적다면 기본소득의 액수도 적어지게 된다. 회사가 그 직원들에게 근로를 장려하기 위하여 자회사의 주식을 제공하는 경우를 생각해보자. 회사의 성과에 따라 직원들이 소유한 주가도 달라지므로 직원들은 회사의 이해관계에 밀접하게 연결되게 된다. 회사의 성과와 상관없이 고정급을 받는 경우와 비교해볼 때, 직원들의 사기와 회사에 대한 주인 의식의 측면에서 분명히 차이가 있게 된다. 정치적인 면을 배제하고 순수하게 경제적인 면만을 살펴보면, 국민은 국가의 주주와도 같다. 따라서 기본소득은 국가로부터

어서 우위에 있는 B 국과 교역하면서 보호무역을 통하여 자국의 제조업을 육성하고 농업에 대한 수요를 유발하더라도, A 국이 자국보다 제조업 역량에 있어서 뒤처지지만, 농업에서는 우위에 있는 C 국과 자유무역을 하게 되면 B 국과의 보호무역으로 인한 자국 농업에 대한 수요의 증가가 상쇄될 수 있다는 점, ④ 리스트의 논리에 따르면, 제조업에서 농업으로 전환하기는 쉬워도 농업에서 제조업으로 전환하기는 매우 어려운데, ③과 같은 이유로 농업에서 일자리를 잃은 농업종사자들이 제조업으로 직종을 변경하기가 어려운 점, ⑤ 개발도상국들의 산업 발전 과정에서 나타나는 자국 농업인구의 도시로의 유출 현상이 실제로 많이 존재하는 점 등으로 인해 자국의 제조업 육성을 위한 무역 정책은 자국의 농업 이익과 충돌을 피하기 어렵다.

받는 배당금의 성격을 갖게 된다. 국민 각자가 농업, 공업, 상업, 서비스업 등의 분야별로 서로 다른 업종에 종사하지만, 한 업종의 손실이 다른 업종의 더 큰 이득으로 상쇄된다면, 손실을 보는 업종에 종사하는 사람들의 불만도 줄어들 수밖에 없다. 기본소득이 제도화되면, 자유무역 등으로 인한 사회 전체 이득의 증가는 국가의 세수증대로 이어지게 되고, 세수 증가는 기본소득 지급액의 크기를 증가시키므로 잠재적 보상이 아닌 실재적 보상으로 바뀔 수 있게 된다.

만약, 기본소득을 시행하지 않고 이러한 이득이 손실을 보는 계층에게 '잠재적'으로만 보상해준다면, 국가의 효율성을 증대하기 위한 정책을 시행할 때마다 사회 각 계층 및 업종 간의 갈등과 마찰을 감수해야 한다. 당연히 이러한 갈등과 마찰은 사회 전체의 비용으로 사회 구성원 모두가 감내할 수밖에 없게 된다.

또한, 무역 정책과 기본소득과 관련하여 한 가지 강조하고 싶은 사실은, 리스트가 주장하는 보호무역의 논리나 기본소득을 도입하자는 논리나 기본적인 생각의 궤가 같다는 것인데, 그것은 '육성'의 논리라 할 수 있다. 농업 국가나 공업 후진국이 공업화로 이행하는 과정에서는 반드시 수많은 실수를 겪게 되어있다. 그러나 이러한 실수의 경험이 '축적'되어 자신만의 기술과 지식이 쌓이게 되고, 그 쌓인 것들은 실력이 되어 개인이나 국가에 무수한 혜택을 가져다준다. 그런데 정책담당자가 이러한 잦은 실수를 실패로 인식하여 해당 산업에 대한 육성을 포기하거나 자유경쟁에 맡겨 시장에서 도태되게 한다면, 상당한 '축적'이 이루어지기도 전에 해당 기업이나 산업은 사라지고 개인 및 국가가 경쟁력을 갖추기는 어렵게 된다. 한 개인이 어떤 기술을 익혀 전문가 수준에 이르려면 오랜 세월 실패의 경험과 노력이 필요하며, 이것은 한 기업, 더 나아가 국가에도 적용되는 진실이다.

사실, '경쟁이 발전의 원동력'이라는 말은 부분적으로만 맞는 말이다. 발전에 있어서 경쟁을 도입하는 주목적은 근면함을 조장하고 역량을 강화함에 있는데, 이러한 상황이 연출되려면 경쟁하는 상대가 서로 힘이나 실력이 비슷한 상태여야 한다. 여기 한 중학생이 있다. 이 학생의 부모는 자녀의 수학 성적을 높이기 위해, 중학생인 자녀와 명문대학교 수학과에 재학 중인 대학생이 동시에 수학 시험을 치러서 중학생인 자녀가 수학과에 재학 중인 대학생보다 성적이 낮다면 보육원에 보내겠다고 협박한다. 상황이 이렇다면, 이 학생은 죽을힘을 다해 수학 공부를 하는 것이 아니라, 시험 전에 답을 미리 알아내서 부정 시험을 치를 가능성이 더 클 것이다. 경쟁을 통한 학업 성취의 증가 효과를 유도하려면 또래의 실력이 비슷한 학생과 경쟁을 시켜야 의도했던 목적을 이룰 수 있다. 자국 산업이 타국 산업보다 역량이 월등히 모자란 상황에서 자유경쟁 시장에 맡겨서 경쟁에서 밀리면 게으르고 역량이 모자란 것이므로 육성을 포기하겠다는 것도 이와 비슷하다고 볼 수 있다.

이러한 논리는 기본소득에도 똑같이 적용될 수 있다. 본인이 잘할 수 있는 영역에 집중할 수 있고, 설혹 실수하더라도 다시 시도해 볼 수 있도록 해주어, 실수를 두려워하지 않고 안심하고 개인 역량을 '축적'하게 만들어주는 것이 기본소득의 여러 역할 중 하나라고 할 수 있다.

제4절 기본소득은 소비를 활성화하고 경제의 순환을 촉진한다.

기본소득은 소비를 촉진하여 경기 침체 문제를 해결할 수 있다. 경기가 침체하는 데에는 여러 가지 원인이 있지만, 경기 침체의 주요한 원인 중의 하나는 소비 부진으로 인한 내수 불활성화가 큰 몫을 차지한다. 내수가 활발하지 못한 원인은 크게 국민의 ① 소득 부족과 ② 경기에 대한 불안 심리에 기인한다. 기본소득은 이 두 가지 문제를 해결해 줄 수 있다. 기본소득으로 인하여 ①의 문제는 당연히 해결되는 것이고, ②의 문제도 마찬가지이다.

케인스(John Maynard Keynes, 1883.6.5-1946.4.21)는 소비가 경제 전체에 미치는 영향에 관한 연구를 통해 극단적인 소비의 감소와 절약의 증가는 국가 경제를 살찌우는 것이 아니라, 오히려 가난하게 만들 수 있음을 지적하였다. 불경기에는 장사하는 사람은 장사가 안되고, 근로소득자는 실직하게 된다. 따라서 각 경제 주체들은 소득이 부족해지고, 이러한 위기와 불안을 극복하기 위해 이들은 경기가 좋을 때보다 소비를 줄이고 절약하게 된다. 각 경제 주체들이 소비를 줄이면 장사하는 사람의 소득이 줄어들고, 장사하는 사람의 소득이 줄어들면, 그들은 고용을 늘리지 않고 오히려 줄일 것이고, 결과적으로 장사하는 사람은 소득이 더 줄어들고 실업자도 더 늘어나게 된다. 그런데 소득이 줄어들면 소비만 줄어드는 것이 아니라 저축도 같이 줄어들게 된다. 이러한 악순환이 계속 반복되면 사회 전체적으로 불경기는 더 심해지게 된다. 이를 '절약의 역설(paradox of thrift)'이라고 한다. 절약의 역설에서 말하는 상황이 발생하는 것을 피하기 위해서라도, 일정 부분의 소비와 그로 인한 경제의 순환은 국가 경제 입장에서는 필수적이다. 거시 경제에서 소비를 결정짓는 소비함수는 다음과 같은 형태이다.

$$총소비 = 기초소비 + 가처분소득 \times 한계소비성향$$

위 식에서 기초소비는 소비자의 소득이나 그가 처한 상황과 관계없이 반드시 소비해야 하는 부분을 말한다. 사람이라면 살기 위해 기초적인 식사, 주거, 의료 등의 재화와 서비스가 필요하다. 이 부분은 반드시 소비가 이루어져야 하는 부분이므로 기초소비라 부르고, 위의 식에서 변수가 아닌 상수로 정해진다. 가처분소득은 말 그대로 소비자가 처분 가능한 소득으로서, 구체적으로 총소득에서 세금을 공제한 소득을 말한다. 한계소비성향은 소비의 양이 소득의 양에 좌우된다고 가정할 때, 가처분소득이 1단위 증가할 때 소비가 증가하는 비율을 말한다. 구체적으로, 기초소비가 100만 원, 총소득이 500만 원, 세금이 100만 원, 한계소비성향이 0.7이라면, 소비는 100만 원 + (500만 원 - 100만 원) × 0.7 = 380만 원이 된다. 즉, 어떤 사람이 500만 원의 소득이 생기면 그중에서 380만 원의 소비가 이루어지게 되는 것이다.

위의 식을 살펴보면, 소비의 양을 결정짓는 요소는 가처분소득과 한계소비성향에 달려 있음을 알 수 있다. 기본소득이 민간의 가처분소득을 증가시키는 것은 자명하다. 그러나 나는 기본소득은 가처분소득의 증가뿐만 아니라 한계소비성향도 증가시킬 수 있다고 본다. 한계소비성향을 결정짓는 요소는 경제주체의 소비 심리에 영향을 크게 받는다. 경제주체가 소비를 결정짓는 요인은 각 개인이 처한 상황과 그 사람의 성향에 따라 다를 수 있다. 소득이 높더라도 향후

경기가 안 좋을 것이라 예상된다면, 사람들은 지갑을 닫고 미래의 위험에 대비할 것이다. 이것은 대기업들이 불경기에 사내 유보금을 쌓는 것과 비슷하다. 이러한 불안감은 각 개인의 최저생계를 사회 전체가 공동으로 돕지 않고, 개인 스스로가 책임지는 시스템에 기인한 것이라고 본다. 개인의 최저생계를 사회 전체가 공동으로 보살피는 시스템이 보장된다면, 사람들은 더 적극적으로 지갑을 열지 않을까? 매슬로의 욕구단계론에 따르면, 지갑을 닫는 것은 안전 욕구에 기인하는 것이고, 지갑을 여는 것은 그보다 상위 욕구에 기인한 것으로 볼 수 있다. 지갑을 닫는 것은 보존 욕구에 가깝고 지갑을 여는 것은 확장 욕구에 가까운 것이다. 그런데 기본소득의 보장은 안전 욕구를 충족시킴으로써 그보다 상위 욕구인 확장 욕구를 불러일으키기 때문이다.

기본소득의 시행에 대해, 국민에게 공짜 돈을 주면 엉뚱한 생각을 하고 나태해져서 장기적으로 나라를 망칠 것이라는 주장이 있다. 그러나 기본소득의 지급으로 국민의 근로의욕이 상실되리라는 주장은 앞에서 여가에 대한 소득효과를 설명한 부분에서 충분히 해명되었다고 생각하며 더 언급할 필요는 없다고 본다. 나는 추가로 이 주장에 대해 다음과 같은 반론을 제기하고 싶다. 기본소득으로 지급되는 재원은 당연히 국민의 세금으로부터 나온다. 따라서 기본소득은 단순히 말하면 세금환급에 지나지 않을 수 있다. 따라서 공짜가 아니다. 백번 양보해서 기본소득이 공짜 돈이라 해도, 그 공짜 돈이 국민에게 가지 않는다면 어디로 가는 것인지 여부를 따지고 싶은 것이다. 기본소득은 정부에서 국민에게 지급하는 것이다. 따라서 기본소득에 해당하는 금액이 국민에게 지급되지 않으면 당연히 그 돈은 정부-정확히 말하면 정치가의 수중에 있게 된다. 따라서 기본소득에 해당하는 액수의 돈은 국민의 수중에 있든지, 정부를 위시하는 정치가와 관료의 수중에 있게 된다.

앞에서 돈의 성격에 대해 논한 바 있다. 10억 원의 돈을 10,000명이 쓰는 것과 10억 원의 돈을 한 개인이나 소수의 집단이 갖게 되었을 경우, 주류 경제학에서는 이 두 경우를 별 차이가 없는 것으로 보지만, 현실에서는 매우 다른 결과를 가져온다. 전자의 경우는 한 명당 10만 원의 돈밖에 가질 수 없어서 그 돈으로는 일상적인 소비나 저축밖에 할 수 없다. 돈은 쪼개지면 쪼개질수록 지갑에서 빠져나가기 쉬워진다. 그러나 한 개인이나 한 단체가 10억 원을 갖게 되었을 경우는 돈의 성격이 달라진다. 돈은 단위가 커질수록 지갑에서 쉽게 빠져나가지 못하며, 일상적인 소비에 쓰이지 않는다. 이재(理財)에 밝은 사람이 이 큰돈을 단순히 은행에 맡겨둔다고 생각하는 것은 지나치게 순진한 발상에 불과하다.

또한, 소비가 국민경제에 기여한다고 했을 때, 소비의 방향성에 따라 국가의 미래가 크게 달라질 수 있다. 소비에도 여러 종류가 있으며, 그중에서 생산에 기여하는 정도는 소비의 종류마다 매우 다르다. 주류 경제학에서는 이 점에 대해 깊이 논의하지 않았지만, 나는 이 소비의 방향이 매우 중요하다고 본다. 민간의 가처분소득이 증가하여 국가 경제적으로 소비가 증가하더라도, 그 소비가 대부분 술·담배나 기타 유흥에 쓰인다면, 그 나라의 생산성 증대 효과를 기대하기 어려울 것이다. A 국의 인구가 10명에 소득이 100만 원이며, B 국 또한 이와 같다고 하자. 그러나 A 국은 소득 100만 원으로 책과 펜, 컴퓨터 기타 생활필수품에 90만 원을 쓰고 나머지 10만 원은 술을 구매하고, B 국은 90만 원은 술·담배나 유흥에 소비하고 나머지 10만 원은 생활필수품에 소비한다면 총생산과 총소비는 두 나라 모두 100만 원으로 수치상으로는 같게 나올 것이다. 그러나 국력에 미치는 영향에 있어서는 전혀 다른 결과를 가져올 것이다.

그렇다면, 기본소득에 해당하는 액수의 돈이 국민과 정치가 중 어느 손에 있을 때, 더 가치가 있게 쓰일 것인지 따져보지 않을 수 없다. 국민 대부분은 그 잘게 쪼개진 돈으로 유흥을 하기보다는, 주로 생활필수품이나 제조업을 비롯한 기타 산업을 육성하게 만드는 소비를 한다. 유흥이란 그 자체로 사치적 성격이 강한 것이며, 그것을 누리기 위해서는 한 개인의 처지에서 감당하기 어려운 액수의 돈이 요구된다. 그런데 잘게 쪼개진 적은 돈으로는 그러한 소비를 감당하기 어렵다. 이렇듯 건전한 생산을 조장하는 건전한 소비는 '절약의 역설'에서도 보았듯이, 국민경제의 순환에 필요한 행위이다. 그러나 그 돈이 국민에게 돌아가지 않고 정치가의 손에 남아있다면 무슨 일이 일어날 수 있을까? 우리는 매시간 정치인이나 관료의 부패 관련 기사를 접한다. 심지어 대한민국은 대통령이 두 번이나 권좌에서 내려온 전력이 있는 나라이기도 하다. 나는 기본소득의 지급은 국민을 나태하게 만들 것이라는 주장을 하는 사람들에게 이렇게 되묻고 싶다. 필요 이상의 돈이 정치인이나 관료에게 주어지면 무슨 일이 벌어지는지 아느냐고. 일단, 큰 덩어리의 돈이 한 개인이나 단체에 있게 되면, 지갑에서 빠져나오기가 쉽지 않다. 따라서 그 돈은 국민경제의 순환에 이바지하지 못한다. 설령, 지갑에서 나온다고 하더라도, 정치인의 재선을 위한 비자금 및 각종 로비 자금, 여론 형성을 위한 공작, 불법 자금 세탁·탈세·로비를 위한 유령 회사의 설립, 고위 공직자 자녀의 부정 입학·입사 및 친인척에 대한 각종 특혜, 연예인의 정치인·고위 공직자에 대한 성 접대, 땅 투기, 선량한 투자자들을 구렁텅이로 몰아넣는 정체 모를 펀드 설립, 차기 예산의 극대화를 위한 무분별한 사업 시행 등에 쓰이는 경우는 우리가 잊을 만하면 각종 언론 매체로부터 접하는 정보가 아닌가? 대통령을 두 번이나 끌어내린 국민이라면 정치가와 국민 중 누가 더 능력이 있고, 정직하며 돈을 더 가치 있게 쓸 수 있을까? 역사상 제대로 된 국민은 많이 있었으나 제대로 된 정치가는 별로 없었다. 중세 프랑스의 국왕과 대신들의 무능으로 인하여 백 년간 지속한 영국의 침탈로부터 프랑스를 구해낸 것은 잔 다르크(Jeanne d'Arc, 1412~1431)라는 어린 소녀를 중심으로 한 프랑스의 민초들이었다. 선조와 대신들이 피난할 때, 목숨으로 나라를 지킨 것은 백성으로 이루어진 의병과 백의종군도 마다하지 않았던 이순신의 수군이었다. 고종과 민비를 중심으로 한 국가를 운영하는 자들이 나라를 통째로 빼앗길 즈음, 몰락하는 나라를 바로 세우고 외세에 저항하기 위해 동학 농민군이 봉기하였다. 무능하고 부패한 경제 관료들이 초래한 IMF 관리 체제를 극복하기 위해 국민은 자발적으로 금 모으기 운동을 벌여 위기를 벗어나고자 했다. 정치가·관료 등이 문제를 일으키면 수습은 언제나 국민의 몫이었다. 물론, 모든 정치인이나 관료가 이렇게 부패한 것은 아니다. 진실로 국가의 장래를 걱정하고 하루하루 묵묵히 본인의 일에 최선을 다하는 공직자들이 많다는 것을 인정한다. 그러나 불량한 한량이 저지르는 살인은 불과 몇 사람을 죽이는 것으로 그치지만, 훌륭한 장군의 잘못된 지시는 수백만 명의 목숨을 사라지게 할 수 있는 것처럼, 나라를 이끄는 저명한 정치인이나 고위 공직자일수록 그들 중의 일부라도 부정한 일을 행한다면 그 폐해는 한 명의 범부가 행한 잘못 따위는 비교도 하지 못할 정도로 클 것임은 자명하다.

제3장 기본소득과 세제 개혁

제1절 조세란 무엇인가?

앞서 나는 기본소득의 재원은 국가가 국민으로부터 걷는 세금이기 때문에 기본소득은 결코 공짜가 아님을 언급한 바 있다. 더 거칠게 말하면, 기본소득은 일종의 '세금환급'이라고 할 수 있다. 그러므로 기본소득을 논할 때, 그것의 재원인 세금에 대해 논하지 않을 수 없다. 세금에 대한 문제는 다시, 합리적인 조세 체계는 무엇이며, 합리적인 조세 체계를 형성함에 있어서 기본소득의 역할은 무엇인지 등의 문제로 귀결된다.

조세란 국가가 그의 활동에 드는 비용을 충당하기 위해 재정수입을 조달할 목적으로 개별적인 보상 없이 민간부문으로부터 강제적으로 징수하는 화폐를 말한다. 이와 같은 정의로부터 조세의 주요한 두 가지 특성이 도출될 수 있다.

첫째, 원칙적으로 각 개인의 조세 부담의 크기와 그가 국가로부터 누릴 수 있는 서비스의 크기는 비례하지 않는다는 것이다. 100만 원의 세금을 낸 A가 10만 원의 세금을 낸 B보다 국가의 서비스로부터 더 많은 혜택을 받는 것은 아니라는 의미이다. 이것을 조세의 일반적 보상이라고 부른다. 만약, 세금을 더 많이 낸 A가 B보다 국가로부터 더 많은 혜택을 누린다면 이것은 개별적 보상이 된다. 현실의 조세 체계는 세금 납부를 더 많이 한다고 해서, 국방·치안·교육·복지 등의 영역에서 더 많은 혜택을 누리는 것이 아니므로 조세는 일반적 보상이라 할 수 있다.

둘째, 조세는 국가가 국민으로부터 강제로 징수한다는 점이다. 이 것을 조세의 강제성이라 부른다. 이것은 국가가 국민의 재산권을 일 정 부분 침해하는 것이며, 침익적 행정(侵益的 行政)[30])의 하나라고 볼 수 있다. 나쁘고 거칠게 표현하면, 국가는 합법적으로 국민의 재산을 일정 부분 강탈할 수 있다. 이런 면에서 조세는 국가가 국민에게 부 과하는 벌금과 그 성격이 같다고 볼 수 있다.

제2절 어떤 조세가 바람직한가?

조세가 상기한 바와 같이 국민의 재산권을 침해하는 침익적 성격 의 것이기에, 그것을 적용하는 것에 있어서 매우 엄격한 기준이 요 구된다. 우리 헌법은 조세법률주의를 천명하여 법률에 따른 과세를 원칙으로 세웠지만, 법률에 조세 요건과 절차가 규정되어 있다고 해 서 곧바로 정당한 조세로 취급받을 수는 없다. "이상적인 조세는 무 엇인가?"라는 질문은 매우 어렵고 학자들 간에 논의가 다양하여 정 설이 없지만, 그래도 일반적으로 인정하는 요건은 다음과 같다.

---

30) 국가가 국민에게 행하는 행정행위에는 크게 국민에게 손해를 끼치는 행정(침익적 행정)과 도움 을 주는 행정(수익적 행정)으로 나눠볼 수 있다. 침익적 행정에는 영업정지, 벌금, 군입대 명령, 조세 및 과징금 부과 등을 예로 들 수 있고, 수익적 행정에는 중소기업이나 교육·봉사를 목적 으로 하는 비영리단체에 대한 보조금 교부와 복지 수급자 지정 행위 등을 예로 들 수 있다. 침 익적 행정은 국민의 기본권을 침해할 우려가 있기 때문에 그 적용 조건·행사 방법·절차 등에 있어서 법에 엄격히 구속되며, 법에 근거하지 않는 행위는 허용되지 않는다. 수익적 행정은 기 본적으로 국민의 기본권을 신장시키는 측면이 강하기 때문에 이러한 구속에서 상대적으로 자 유로우며, 그 행위에 있어서 상당한 재량이 인정된다.

(1) 경제적 효율성

바람직한 조세는 민간 경제의 생산 활동에 제약을 가해서는 안 되며, 부득이 제약이 가해져야 한다면 최소한의 제약이어야 한다. 또한, 민간의 경제적 의사결정에 영향을 끼쳐서는 안 되며, 끼쳐야 한다면 필요한 한도 내에서 최소한으로만 끼쳐야 한다.

(2) 조세 부담의 공평성

바람직한 조세는 세금을 내는 누구도 다른 납세자에 비해 특별히 이익을 받거나 불이익을 받는 일이 없어야 한다. 즉, 조세 앞에 만인은 평등해야 한다. 그러나 무엇이 공평한 과세인지에 대해서는 학자마다 의견이 다르다. 의견이 분분하기는 하지만, 대체로 조세 부담의 공평성에 관해서는 크게 세 가지 관점으로 파악해볼 수 있다.

첫째는 생산요소별로 파악하는 관점이다. 생산 과정에 투입된 다양한 생산 요소의 소유자들 사이에 공평함을 따지는 것이다. 이 세상의 모든 생산물은 토지와 노동과 자본의 결합물이다. 소작인이 지주로부터 땅을 빌리고 다른 대부업자로부터 수확기 전까지 농기구나 생존에 필요한 물자 등을 빌려서 소작인의 노동력으로 농사를 지어서 추수기 때 수확을 하면, 그 수확물의 일부는 지주에게 지료(地料)로, 또 다른 일부는 대부업자에게 이자로 지불하고, 그 나머지를 소작인의 소작료(임금)로 가져간다. 또는, 사업자·근로자가 건물주에게 임대료를 지불하고 은행 등으로부터 사업 자금을 받아서 사업·근로를 하고 수익이 생겨서 임대료와 대출 이자 등을 공제하면 본인이 가져가는 소득(임금)이 된다. 그렇다면, 은행 등에 돈을 빌리지 않고 재택 근무하는 프리랜서의 경우는 지대와 이자를 지불하지 않을까?

이 경우는 프리랜서 근무자 한 명이 지주이자 자본가이자 노동자의 모든 역할을 다 맡는 것이다. 자신의 집(땅)에서 귀속임대료[31]를 내며, 100만 원의 돈을 은행에 저축하여 이자를 받지 않고 본인의 업무를 위해 노트북을 구매했다면, 100만 원에 대한 이자를 포기(지불)한 것이다. 따라서 이 경우에는 프리랜서 본인이 지주이자 자본가이자 노동자의 위치를 모두 갖게 된다. 결국, 지주로부터 지대가, 노동자로부터 임금이, 자본가로부터 이자가 도출되는데, 이 지대, 임금, 이자 간의 관계로 공평성을 파악하는 관점이 있다.

둘째는 조세의 부담은 국가나 사회로부터 얻는 공공서비스에 편익의 크기에 비례하는 것이 공평하다고 보는 관점이다. 즉, 혜택을 많이 누릴수록 많은 부담을 져야 공평하다고 보는 것이다. 이것을 편익원칙(benefit principle)이라고 한다. 국가가 제공하는 서비스를 많이 이용하거나 그로부터 얻는 편익이 많은 자가 많은 세금을 납부해야 하는 것은 당연한 것으로 보인다. 그러나 국방·치안·법률 서비스 같은 순수 공공재의 경우에는 국민이면 거의 누구나 동등한 수준의 보호와 혜택을 누리지만, 장애인이나 경제적 무능력자 등이 기초생활수급자의 자격으로 받는 급여나 교통·사회·경제·문화 영역 등에서 받는 각종 편익은 경제적 약자가 가장 많은 혜택을 받는다. 그런데 편익원칙에 따른 과세를 하면, 이 약자들이 가장 많은 혜택을 받

---

31) 시장에서 거래는 이루어지지 않았지만, 실질적으로 소득을 얻은 것과 다름이 없는 것을 귀속소득(imputed income)이라 한다. 예를 들어, 개인 A와 B는 모두 3억 원어치의 주택을 소유하고 있는데, A는 본인 소유의 그 주택을 임대하여 시장 임대료인 월 300만 원의 임대수익을 올리고 있는데, B는 본인 소유의 주택을 임대하지 않고 자가 거주한다면, A는 월 300만 원의 수익이 있고 B는 수익이 없는 것일까? 만약, B가 자가 거주하지 않으면, 자가 거주할 때와 동일한 안락함을 얻기 위해서 B는 다시 300만 원의 임대료를 주고 타인의 집에 임차하여 살아야 한다. 따라서, A가 3억 원어치의 주택을 임대하고 자신은 타인의 집에 임차하여 살든, B처럼 임대하지 않고 자가 거주하든 경제적으로 동일하다고 평가할 수 있다. 따라서 프리랜서의 사례에서도, 이 자택 근무 프리랜서가 자택 근무를 포기하고 집의 전부 또는 일부를 임대했더라면, 임대료의 수익을 얻을 수 있을 것이나, 자택 근무를 함으로써 이러한 수익을 포기(지불)한 것이다.

으므로 이들이 가장 많은 세금을 내야 하고, 경제적으로 우위에 있어서 이러한 혜택이 필요 없는 사람들은 세금을 가장 적게 내야 한다는 결론에 이른다.

셋째는 공공서비스로부터 얻는 편익의 크기와 관계없이 납세자의 부담 능력에 따라 조세가 부과되어야 한다고 보는 관점인데, 이것을 능력원칙(ability to pay principle)이라고 한다. 이것은 동일한 경제적 능력을 갖춘 사람은 동일한 조세를 부담하고, 경제적 능력이 서로 다르면 조세를 부담하는 액수도 달라져야 한다는 것을 의미한다. 전자를 수평적 공평성이라 부르고 후자를 수직적 공평성이라 부른다. 수평적 공평성은 A라는 사람의 수입이 100만 원이고 세금으로 10만 원을 납부하였다면, 수입이 100만 원인 B의 세금 역시 10만 원이어야 한다는 것을 의미한다.[32] 수직적 공평성은 수입이 100만 원인 A의 납세액이 10만 원이었다면 수입이 200만 원인 B의 납세액은 그보다는 많아야 한다는 것을 의미한다. 그러나 어느 정도 더 많아야 수직적 공평성을 충족시킨 것으로 볼 것인지는 학자마다 의견이 상이하다. 특히, 수직적 공평성의 원칙이 현실에서 강하게 구현된 것이 초과누진세인데, 이에 대해서는 후술하기로 한다.

(3) 조세 구조의 단순성

만약, 100원의 세금을 거두기 위해 110원이 든다면 그 세금은 걷지 않는 편이 낫다. 또는, ① 100원의 세금을 거뒀는데 그중 90원이 국세청·세무서의 유지비용에 들어가거나, ② 세법이 너무 어렵고

---

[32] 수평적 공평성을 논할 때, 엄밀하게 접근하면 조세 부과 이전에 A와 B 두 사람이 동일한 효용 수준을 누리고 있었다면 납세 이후에도 동일한 효용 수준을 누려야 수평적으로 공평하다고 보는 견해가 있으나, 설명의 단순화를 위해 이 부분은 다루지 않기로 한다.

복잡하여 납세자가 세무사나 회계사에게 상담료·대행료로 90원이
든다면 바람직한 조세 구조라 볼 수 없다. ①의 경우를 징세비용
(administrative costs)이라 하고, ②의 경우를 납세협력비용(compliance costs)이라
고 하는데, 징세비용(administrative costs)이란 정부가 조세를 부과·징수하
는 데 드는 비용으로 세무 공무원에 대한 급료, 세무서 운영비용 등
을 포함한다. 일반적으로 조세 체계가 복잡할수록, 세무 행정 규모
가 커질수록 징세비용이 증가한다. 납세협력비용(compliance costs)이란 납
세자가 조세를 납부하는 데 드는 비용으로 세무서 방문 비용, 납세
를 위한 각종 서류작성 비용 및 세무사나 회계사 등에게 지불하는
상담료·대행료 등이 포함된다. 이 비용은 조세 체계가 복잡할수록
커지는 반면, 세무 행정 규모가 커질수록 감소한다.

조세 구조의 단순성은 단순히 과세 과정에 소모되는 비용을 줄이
자는 효율성의 관점에서만 중요한 것이 아니다. 조세는 부과의 주체
측면에서 보면, 침익적 행정이고, 부과의 객체 입장에서는 벌금, 즉,
형벌과도 같다. 침익적 행정은 절대 복잡하고 이해하기 어려워서는
안 된다. 이러한 원리는 형법은 복잡해서는 안 되고 간단·명료해야
하며, 범죄와 형벌은 법에 명확히 규정되어야 한다(죄형법정주의)는 원칙
과 궤를 같이하는 것이다.

조세 구조가 복잡해지면 납세자의 탈세나 세무 담당자의 부정·
부패 또한 쉬워지게 된다. 탈세가 쉬워지면 그 탈세를 적발하기 위
해 세무 공무원 등의 감시 인원이 많이 필요하게 되고, 이는 세무
행정비용을 증대시키며, 세무 행정비용의 증대는 다시 불필요한 증
세를 불러오는 악순환을 초래한다. 따라서 조세 구조의 단순함은 효
율적 정부뿐만 아니라 '청렴'한 정부를 구성하기 위해서는 필요한

요소이다. 조세가 경제적 효율성, 조세 부담의 공평성, 조세 구조의 단순성이라는 세 가지 조건이 갖추어지면 바람직한 것으로 평가할 수 있을 것이다.

제3절 현재 시행되고 있는 조세제도에 대한 평가

현재 대한민국에서 부과·징수되고 있는 여러 조세 중에서 세입의 75% 이상을 차지하는 세목은 소득세, 법인세, 부가가치세이다. 따라서 현재 조세제도를 논하려면 이 세 가지 세목을 논하지 않고서는 제대로 된 논의가 이루어질 수 없다. 이 세 가지 조세가 위에서 언급한 바람직한 조세 조건에 부합하는지, 부합하지 않는다면 이것들을 대체할 다른 바람직한 조세는 없는지에 대해 알아보고, 조세에 대해 추가로 논의할 필요가 있는 사항에 대해 논해보고자 한다.

(1) 소득세 및 법인세

앞에서 조세의 공평성을 논할 때, 능력원칙을 언급하였다. 이 원칙을 수직적으로 단순하게 말하면, 지불 능력이 많은 사람은 많이 내고, 지불 능력이 적은 사람은 적게 내는 것이 공평하다고 보는 것이다. 이 능력원칙이 조세에 구현된 형태가 소득세이다. 법인세 또한 본래 명칭은 '법인 소득세'로서, 소득세가 개인의 능력에 따른 과세 원칙을 구현한 것이라면 법인세는 법인의 능력에 따른 과세 원칙을 구현한 것이라 하겠다. 따라서 소득세에 대한 논의의 대부분은 법인세에 대해서도 동일하게 적용되므로, 이하에서는 소득세를 중심으로 설명하되, 필요한 범위에서 법인세에 대해 논하기로 한다.

1) 소득세는 능력원칙에 따른 과세를 충실히 구현하는가?

우리가 살아가는 사회는 다양한 사람들이 있고, 다양한 직업들이 있으며, 그에 따라 그들이 벌어들이는 수입이 각기 다르다. 현재 한국에서 시행 중인 소득세는 비례세율이 아닌 초과누진세 방식이다. 만약, A라는 사람이 100만 원을 벌면 10만 원의 세금이 부과되며, B라는 사람이 1,000만 원을 벌면 100만 원의 세금이 부과된다면 이것은 100만 원을 버는 사람이든 1,000만 원을 버는 사람이든 10%의 단일 비례세율이 적용된 것이다. 그러나 초과 누진 세제 하에서 소득 300만 원까지는 10%의 세율이 적용되고, 300~700만 원까지는 20%의 세율이 적용되며, 700~1,000만 원까지는 30%의 세율이 적용된다면, 1,000만 원을 번 B는 200만 원의 세금이 부과된다. 초과 누진 세제 하에서도 100만 원을 번 A는 소득이 300만 원보다 낮으므로 여전히 10%의 세율이 적용되어 납부해야 하는 세금은 10만 원으로 비례세율 하에서의 세금 액수와 동일하다.[33] 따라서 초과 누진 세제는 단순 비례세제보다 수직적 공평성을 더 철저히 구현하고자 한 제도라고 일반적으로 생각한다.

그러나 여기서 생각해볼 문제가 있다. 현행 한국의 소득세 종류는 크게 이자 · 배당 · 사업 · 근로 · 연금 · 기타 · 퇴직 · 양도 소득으로 구분되는데, 특히, 근로 · 사업 소득과 관련하여, 많이 버는 사람이 많이 내고 적게 버는 사람이 적게 내는 것이 공평하다고 보는 관점에는, 많이 번 사람은 그만큼 능력이 많고 적게 번 사람은 그만큼 능력이 적다는 전제가 깔려있다. 이러한 관점은 장애인의 경우와 같

---

33) 물론, 현실에서의 소득세 최종 납부금액은 이렇게 간단하게 결정되지 않는다. 각종 공제와 특례가 적용되기 때문이다. 그러나 논의의 단순화를 위해 이러한 요소는 고려하지 않기로 한다.

이 경제활동을 전혀 할 수 없거나 제한적으로만 할 수 있는 사람과 경제활동이 가능한 사람들 간의 경제적 격차를 완화해야 한다는 논리로 보면 이해가 된다. 하지만 이 논리가 일반적으로 수입이 높다고 생각되는 직군들, 변호사나 의사와 같은 고소득 전문직들과 그렇지 않은 일반인과의 경제적 차이를 해소하기 위해 누진세율을 강화하는 것이 적당한가에 대해서는 깊이 있는 고려가 필요하다. 이것은 고소득 사업가·자영업자, 더 나아가서 발명이나 특허로 이 사회에 막대한 이바지를 하고 그에 대한 대가로 큰돈을 버는 사람들에게까지 높은 세율로 과세하는 것이 정당하냐는 문제까지도 포함한다.

변호사·의사와 같은 고소득 전문직들의 높은 수입은 그들의 타고난 능력에 기인한 것이라기보다는 매우 오랜 시간 '노력의 축적'의 결과인 경우가 많다. 사람의 능력은 사실 큰 차이를 갖고 태어나지 않는다. 천재 과학자의 수입이 일반 회사원의 수입보다 몇십 배 높다고 해서 천재 과학자들의 IQ가 일반 회사원보다 몇십 배 높은 것이 아니다. 일반 회사원보다 몇십 배 높은 연봉을 받는 권투 선수가 일반 회사원보다 힘이 몇십 배가 센 것이 아니다. 그들의 높은 수입은 그들이 가진 재능과 그 재능에 비싼 값을 지불하는 사회·경제적 상황에 기인한 것들이 대부분이다. 그들이 가진 재능이 타고난 것도 있지만, 대부분은 그런 재능을 발달시키기 위한 무수한 노력이 뒷받침된다.

물론, 법적·제도적으로 변호사·의사와 같은 직업군에 진입하기 어려운 '장벽'으로 인한 '경제적 지대'가 이러한 높은 수입의 원인이 되는 것도 사실이다. 그러나 그러한 문제는 진입장벽을 완화하는 수단으로 해결하는 것이 바람직하지, 세율을 높이는 것으로 해결하는 것은 바람직하지 않다. 복권 당첨과 같이 운에 의해 순간에 많은 부를 획득하는 극소수의 경우를 제외하고, 능력에 대한 과세라고 알려진 많은 세금이 실제로는 노력에 대한 과세인 경우가 많다. 단적인 예로, 개인 A와 B의 경제적 능력을 측정하는 지표는 여러 가지가 있겠으나 가장 단순한 것으로는 시간당 임금을 들 수 있다. 개인 A의 시간당 임금이 10,000원이고 개인 B의 시간당 임금이 20,000원이라면 적어도 경제적 의미로는 개인 B의 능력이 A보다 2배 높다고 볼 수 있다. 그런데 개인 A의 노동시간은 20시간으로 총소득이 200,000인 반면, B의 노동시간은 5시간으로 총소득이 100,000이면, 현행 소득세 체계 아래에서는 A가 B보다 더 능력이 많은 것으로 보아 더 많은 세금을 부담하게 된다. 상황이 이와 같다면, 소득세는 '능력에 대한 과세'의 측면보다 '노력에 대한 과세'의 측면이 더 강하다고 볼 수 있다.

2) 초과누진세가 야기하는 문제점들

소득세 자체의 문제점은 차치하더라도, 소득세의 형태가 단일 비례세의 형태가 아닌 초과누진세의 형태라면 크게 두 가지 문제점을 야기할 수 있다. 첫째, 단위 기간별로 부과하는 초과누진세형 소득세는 고정소득자와 변동소득자 간의 형평성 문제를 야기할 수 있다. 현행 소득세 체계는 단위 기간의 소득을 합산하여 그에 대해 누진세율로 과세하는 체계이다. 이것은 경제적 능력이 같고 총소득이 같더라도 일정 주기로 안정된 소득을 얻는 사람에 비해 소득변동이 큰 사람의 조세 부담이 더 커지는 문제가 있을 수 있음을 의미한다. 예를 들어, 소득이 100만 원 이하이면 10%의 세율이 적용되고, 100만 원을 초과하는 소득에 대해서는 20%의 세율이 적용되는 초과누진세율의 소득세를 상정해보자.

〈표3〉

	고정소득자 A		변동소득자 B	
	소득	세액	소득	세액
2017	100	10	200	30
2018	100	10	0	0
2019	100	10	150	20
2020	100	10	0	0
2021	100	10	150	20
합계	500	50	500	70

2017년부터 2021년까지 고정소득자 A와 변동소득자 B의 소득은 총 500만 원으로 동일하다. 그러나 1년 단위로 소득을 측정하여 과세하게 되면 고정소득자인 A의 경우는 10만 원으로 일정하지만, 변동소득자인 B의 경우는 일정하지 않다. 또한, 5년간의 총 납세액도 A의 경우는 50만 원이지만 B의 경우는 70만 원으로 납세액이 더 많음을 알 수 있다. 고정소득자인 A가 일반 직장을 다니는 정규직을 의미하고 변동소득자인 B는 프리랜서나 자영업자나 비정규직임을 생각한다면 능력이나 노력이 같다 하더라도 납세액이 달라질 수 있어 수평적 공평성을 위배할 가능성이 클 수 있다. 물론, 과세 기술상 이러한 문제들을 입법적·행정적으로 보완하는 방법이 있을 수 있겠으나 이 과정에서 필요 이상으로 규정이 복잡해지고 불필요한 행정비용이 증가하는 것은 필연적이다.

둘째, 초과누진세는 인간의 본성에 어긋난다는 점이다. 인간의 욕구는 무한하며, 끊임없이 발전하고자 한다. 어떤 사회적 제도를 설계하든 간에 정책을 입안하는 자는 이러한 점을 깊이 고려해야 한다. 욕구 5 단계론에서 보이듯이, 인간은 가장 단순한 욕구(생리적 욕구)에서 시작하여 가장 높고 숭고한 욕구(자아실현의 욕구)까지 올라가고자 하는 것이 인간의 본성이다. 그리고 이 과정에서 더 많은 자원이 필요하다는 점도 앞에서 밝혔다. 그런데 초과누진세는 이러한 인간의 본성에 역행한다. 법이 사회의 현실을 제대로 담아내지 못할 때, 법으로서의 신뢰가 무너지고, 탈법·위법 등을 유발하게 하며, 탈법·위법 등이 생기게 되면, 다시 법에 대한 신뢰가 무너지는 악순환이 반복된다.

3) 소득 파악의 어려움으로 인해 탈세가 쉬우며, 공평성 저하 문제를 야기한다.

소득은 무엇일까? 우리는 소득이라는 말을 일상적으로 사용하고 있지만, 정확히 소득이 무엇인지를 파악하는 것은 매우 어렵다. 일반적 상식으로 흔히 파악할 수 있는 소득은 근로자의 월급, 자영업자·법인의 이익 등인데, 세법도 이러한 것들을 소득으로 보아 과세하고 있다. 이렇게 우리가 일상적·반복적·지속적으로 얻는 수입에 과세하는 것을 '소득원천설'에 따른 과세 방식이라 한다.

그러나 이 세상에는 수많은 사람이 있고, 그에 못지않게 다양한 직업이 있으며, 다양한 상황이 있다. 그런데 이 다양한 사람들의 소득을 파악하는 것은 쉬운 일일까? 또, 제대로 이루어지고 있을까? 같은 회사에 다니는 A와 B가 있는데, A의 연봉은 1,000만 원이고, B의 연봉은 5,000만 원이다. 이 둘의 근로시간 등을 포함한 근로조건이 급여 외에는 모두 같다면, 소득세법상 B의 소득이 A의 소득보다 5배 높다고 보는 것이 맞다. 그런데, A의 집 뒷마당에는 국내에서 구하기 매우 어려운 산삼 씨앗을 재배하고 있는데, 씨앗이 자라서 올해 6,000만 원에 팔 수 있을 정도로 자랐다. A는 이 씨앗을 올해 초 산에서 우연히 구한 것이다. 그에 비해, B는 집이 좁아서 그런 산삼을 키울 뒷마당도 없고, 오직 회사로부터 받은 5,000만 원이 그가 가진 수입 전부이다. 사정이 이와 같다면, A의 한 해 소득은 1,000만 원이 아닌 7,000만 원으로 보는 것이 진실에 부합할 것이다. 그러나 국세청은 안타깝게도 A의 뒷마당까지 수색하여 소득을 파악할 수 없다. 모든 소득을 파악하려면 너무나 많은 행정비용이 들기 때문이다. 이처럼 소득의 종류를 가리지 않고, 일정 기간에 자산이 증가한 것이면 무엇이든 과세 대상 소득에 포함하는 것을 '순자산증가설'에 따른 과세 방식이라고 한다.

소득을 과세 대상에 포함하는 것이 정당하려면, 소득원천설에 따른 과세 방식이 아닌 순자산증가설에 따른 과세 방식이 되어야 한다. 그러나 현실은 그렇지 못하다. 이것은 과세당국이 의지가 부족해서가 아니라 과세 기술상 불가능한 것이기 때문이다. 자산의 범위를 지적 자산과 같은 무형자산으로까지 확장한다면, 개인의 실력이나 지식이 증가하는 것도 소득으로 파악할 수 있어야 하는데, 개인의 정신세계까지 검열하는 것은 불가능하다.

현실적인 예를 추가로 들면, 소득이 월 500만 원으로 같은 C와 D가 있는데, C는 직장에서 월급을 받고, D는 자영업자이다. C는 소위 말하는 '유리 지갑'으로 4대 보험을 비롯한 각종 보험료를 빠짐없이 내고, 그 어떤 탈세도 할 수 없으며, 정부의 세율 인상에도 묵묵히 받아들일 뿐이다. 그러나 D는, 카드 거래가 아닌 현금 거래의 경우에, 소득 조작이 용이하다면, 더 나아가서 초과누진세율이 적용되는 구간에서 원래 본인이 적용되어야 할 구간보다 아래 구간의 세율이 적용된다면, A와 B의 수평적 공평성은 무너질 것이다. 이러한 문제는 개인뿐만이 아니라 법인에도 동일하게 적용될 수 있다. 적게는 수십조 원에서, 많게는 수백조 원에 달하는 지하 경제까지 고려한다면, 필요한 세무 행정비용과 공평성 위배 문제는 상상하기 어려울 정도다.

소득세(또는 법인세)는 소득을 기준으로 세금을 부과하는 것이다. 그런데, 소득 파악이 어렵다면, 탈세를 잡아내기 위한 세무 공무원의 수도 많이 필요하게 된다. 또한, 납세자 간의 공평성을 충실히 하기 위해, 세법상의 각종 예외 규정들을 두어 규정을 복잡하게 만들면, 이렇게 만들어진 복잡한 규정은 또다시 탈세를 용이하게 만들고, 탈세를 잡아낼 세무 인원을 더 충원하게끔 한다. 세무 인원의 증가가 증세로 이어짐은 당연하다. 이러한 복잡함은 이상적인 조세를 논할 때 다루었던 '조세 구조의 단순성'에 위배된다고 하겠다.

(2) 부가가치세

소득세·법인세와 더불어 국세의 주요한 부분을 이루는 세금이 부가가치세이다. 이것은 재화를 구매할 때, 재화 및 서비스의 값에 반영되는 소비세의 일종이다. 소비세는 담배소비세와 같이 특정 재화에만 부과되는 개별소비세와 모든 재화 및 서비스에 부과되는 일반소비세가 있는데, 부가가치세는 일반소비세에 속한다. 일반적으로 인정하는 부가가치세의 단점은 다음과 같다.

첫째, 조세 부담의 역진성이다. 현행 한국의 부가가치세는 빈부를 가리지 않고 모든 물건에 물건값의 10%의 세금을 부과한다. 따라서 가난한 자가 1,100원(빵 가격 1,000원 + 부가가치세 100)어치 빵을 구매하나 부자가 1,100원어치 빵을 구매하나 내는 세금은 100원으로 같다.34) 소득세가 경제적 능력에 따라서 차등 세율을 적용하는 것과는 다르다. 경제적 능력이 높을수록 더 많은 세금을 부담하고 경제적 능력이 적을수록 더 적은 세금을 부담하는 것을 누진적이라 하는데, 부가가치세의 경우 빈부의 구별 없이 동일한 세금을 납부하므로 조세 부담이 역진적이라고 일반적으로 설명한다.

둘째, 물건의 유통을 방해하고 물가를 상승시킨다. 부가가치세액만큼 모든 재화와 서비스의 가격이 상승하므로 물가가 오르는 것은 당연하다. 물품세, 더 나아가서 모든 종류의 거래세는 재화와 용역의 유통을 방해하는 면이 있다. 이것은 물가가 오르는 것과 표리의 관계에 있는데, 부가가치세가 갖는 거래세의 성격 때문에 야기되는 필연적 결과이다. 세금을 나누는 종류에는 여러 가지가 있지만, 사람이나 법인의 행위에 부과하는 소득세나 법인세와 달리, 재화에만 한정 지어 구별한다면 보유세와 거래세로 구분할 수 있다.

보유세는 재화를 보유하는 사실에 근거하여 과세하기 때문에, 납세자로 하여금 보유를 가급적 회피하거나 최소화하게 만든다. 보유하지 않으면 세금을 납부하지 않아도 되기 때문이다. 따라서 보유세

---

34) 부가가치세율이 10%라고 해서, 부가가치세가 적용되는 모든 물건 가격이 세전 가격에 10%가 인상되는 것은 아니다. 즉, 빵의 세전 가격이 1,000원인데 이 빵에 부가가치세가 과세된다고 해서 반드시 1,100원으로 거래된다고 할 수는 없다. 빵의 세후 가격은 1,050원일 수도 있고, 1,200원이 될 수도 있고, 때에 따라서는 1,000원으로 고정되어 세후 가격이 변하지 않을 수도 있다. 그것은 빵의 공급자와 수요자와의 경제적 힘의 차이에 따라 결정되는데, 경제학에서는 이 관계를 '탄력성(elasticity)'이라는 개념으로 설명한다.

가 강화되면 일반적으로 재화 시장에 매물이 나오게 된다. 즉, 공급이 늘어나는 것이다.

거래세는 재화를 거래할 때, 물건을 사거나 팔 때 세금이 부과되는 것이다. 따라서 물건을 팔지 않고 갖고 있으면 세금을 내지 않아도 되므로 재화의 거래가 줄어드는 효과가 있다. 따라서 공급이 줄어들게 된다. 이러한 효과를 재화가 물이 얼어붙은 것처럼 흐르지 않는다고 하여 '동결 효과(lock-in effect)'라고 부른다.

부가가치세는 재화의 이전, 즉, 거래에 부과되는 거래세이다. 따라서 시장에 공급을 줄이는 효과가 있고 공급이 줄면 물가는 당연히 오르게 된다.

(3) 생산 활동에 대한 과세는 생산 활동에 대한 벌금(형벌)과 같다.

현대 자유시장 경제 체제를 취하는 국가의 행정은 다음과 같은 기본 원칙이 있어야 한다.

1. 국가는 한 개인이 타인의 자유를 침해하지 않는 한, 개인의 사적 결정에 대해서 간섭해서는 안 된다.
2. 근로·생산·창의는 장려되어야 하고, 게으름은 장려되어서는 안 된다.

만약, 이 두 가지 원칙이 잘 지켜지지 않을수록 사회주의·계획경제 체제와 가까워진다. 제1절에서 국가의 세금부과는 국가가 국민의 재산권을 침해하는 침익적 행정(侵益的 行政)이며, 세금이 부과되는 자의 입장에서는 일종의 벌금과도 같은 것이라고 언급하였다. 그런데, 벌금은 당연히 잘못을 저지른 자에게 부과되어야 한다.

형법 제260조(폭행, 존속폭행) ①사람의 신체에 대하여 폭행을 가한 자는 2년 이하의 징역, 500만 원 이하의 벌금, 구류 또는 과료에 처한다.

위 폭행에 대한 벌금은 사회에 해를 끼친 행위에 대한 응보로 당연하다. 그러나 부가가치세·소득세·법인세 등은 위 2에서 말한 근로·생산·창의의 결과로 생긴 수익에 대한 벌금과도 같다. 이것은 다음과 같은 메시지를 함축하는 것이다.

"부지런히 일하고 창의와 지혜를 발휘하여 사회에 필요한 재화·용역을 생산한 자는 그에 대한 벌로 일정한 금액을 내야 한다."

사회 발전의 원동력은 개인의 욕구로부터 나온다. 생산 및 소비에 대한 과세는 이러한 욕구 충족을 제한하는 것과 같다. 개인의 욕구를 제한하게 되면 생산에 대한 유인이 사라지게 된다. 생산에 대한 유인이 사라져서 생산이 위축되면 그로부터 파생되는 복리 충족을 위한 기금도 줄어든다. 이러한 악순환이 반복되면 황금알을 낳는 거위는 죽어버리고 다시는 황금알을 얻을 수 없게 된다. 근로·생산·창의 활동은 우리에게 겨울에 필요한 옷을 제공하고, 맛있는 음식을 제공하고, 인공지능(AI)의 편리함을 제공하고, 비행기를 만들어서 하늘길을 열어준다. 자유시장 경제 체제는 이러한 활동을 보장해주어 발전할 수 있었고, 사회주의·계획경제 체제는 이러한 활동을 금지·억제하여 몰락의 길을 걸을 수밖에 없었다. 만약, 법인세의 세율이 100%라면 사회에 거의 모든 회사는 문을 닫거나 지하로 숨을 것이고, 소득세가 100%라면 사회에 거의 모든 개인은 근로하지 않을 것이며, 부가가치세율이 100%라면 사회에 거의 모든 재화는 유통되지 못하거나 암거래가 성행할 것이다. 따라서 근로·생산·창의 활동에 대한 벌금(부가가치세·소득세·법인세)의 양이 많아질수록 우리에게 돌아오는 혜택은 줄어들 수밖에 없고, 당연히 기본소득의 양도 줄어들 수밖에 없다. 따라서 기본소득의 재원 논의와 세제 개혁은 동전의 양면과도 같다고 하겠다.

세제 개혁은 기본소득의 재원을 늘리는 효율성 측면뿐만이 아니라 공평성·정의의 관점에서도 요구된다. 이 사회에는 비자발적 실업자만이 아니라 자발적으로 근로를 하지 않는 사람들도 존재한다. 기본소득은 조건 없이 전 국민에게 모두 지급하는 것이고, 이러한 근로를 제공하지 않는 자도 그 혜택을 받게 된다. 그런데 부가가치세·소득세·법인세 등은 땀 흘려 일하는 자가 내는 돈이다.[35] 따라서 부가가치세·소득세·법인세 등이 기본소득의 재원이 되면, 땀 흘려 일하는 자가 게으름을 피우는 자에게 주는 보상과도 같은 꼴이 된다. 즉, 버는 사람 따로, 쓰는 사람 따로 있게 되는 것이다. 이 책에서 언급한 부가가치세·소득세·법인세는 어디까지나 예시이므로 이 세 가지 법과 같은 효과가 있는 다른 세목도 앞에서 한 설명이 그대로 적용된다.

그러나, 일부 법인이 벌어들이는 초고소득은 국가가 그 법인에 제공한 각종 법률·국방·치안과 같은 서비스 등의 혜택에 기인한 것이므로, 그 서비스로 인한 소득 중 일정 부분은 국가에 환원되어야 한다고 주장할 수 있다. 하지만, 국가가 제공하는 이러한 순수 공공재적 서비스는 개별적 보상이 아니라 일반적 보상이라고 제1절에서 설명하였다. 각 개인(또는 법인)의 조세 부담의 크기와 그가 국가로부터

---

35) 물론, '토지 등의 양도소득' 등도 소득세·법인세의 과세 대상이어서, 불로소득적 요소가 일정 부분 포함되어 있다.

누릴 수 있는 서비스의 크기는 비례하지 않는다. 100만 원의 세금을 낸 A가 10만 원의 세금을 낸 B보다 국가의 서비스로부터 더 많은 혜택을 받는 것은 아니라는 의미이다. 이것을 뒤집어 설명하면, 한 개인(또는 법인)이 벌어들인 수익은 국가가 그에게 제공한 서비스에 비례한 것이 아니라는 것을 의미한다. 만약, 세금을 더 많이 낸 A가 더 적게 낸 B보다 국가로부터 더 많은 혜택을 누린다면 이것은 개별적 보상이 된다. 삼성전자가 100억을 도난당한다고 하더라도, 본사가 위치한 수원시 내에 살인 사건이 발생하여 경찰이 삼성전자 본사에 먼저 들르지 않고 살인 사건 현장에 먼저 가더라도, 삼성전자가 세금을 더 많이 납부하였다고 하여 살인 사건보다 삼성전자의 도난사건을 먼저 처리해달라고 요구할 권리가 없다. 남과 북이 전쟁을 재개하여 북한군이 수원시에 있는 삼성전자 본사 앞까지 진군하여도, 삼성전자는 대한민국에서 납세액이 가장 많다 하여 육군의 대다수를 삼성전자 본사를 사수하라고 군(軍)에게 요구할 수 없다. 삼성전자의 납세액이 대한민국에서 제일 많다 하여, 정부나 국회에 삼성전자만을 위한 특별법을 만들어 달라거나 특례를 적용해 달라고 요구할 수 없다.

제4절 세금을 실제 누가 내는가?(조세의 전가 가능성)

제3절에서 소득세에 대해 논할 때, 수직적 공평성과 수평적 공평성을 언급하면서 주로 '액수'에 초점을 맞추어서 논의를 전개하였다. 즉, 누가 더 많이 내고 적게 내는가를 논한 것이다. 그러나 조세에 있어서 더욱 중요한 면이 있다. 그것은 "과연 세금을 실제로 누가 내는가?"의 문제이다. 조세법률주의에 따라 A라는 사람에게 조세를 적법하게 부과하더라도 A가 세금을 내지 않고 A 아닌 다른 사람이

대신 세금을 내는 것이 가능하다면, A가 엄청난 부자여서 그에게 천문학적인 세금을 부과하더라도 A는 한 푼의 세금도 내지 않을 수 있다. 이처럼 법에 정해진 납부 의무자를 법적인 납세자라고 부르고, 실제로 납부하는 자를 세금을 부담하는 자라는 뜻의 담세자라 부른다. 이 납세자와 담세자가 일치하는지를 따지는 것은 조세를 설명하는 데 있어서 매우 중요한 것이다. 조세의 전가를 설명하는 데 편의를 기하기 위해 다음과 같은 사례를 제시하고자 한다.

사례 1 : 부가가치세법 제3조에는 부가가치세를 납부하는 자를 ① 사업자와 ② 재화를 수입하는 자로 규정하고 있다. 슈퍼마켓 주인이 1,000원짜리 빵을 팔면 빵의 가격 중 10%인 100원을 세무서에 납부해야 한다. 그러나 법적인 납부 의무자는 사업자이지만 사업자는 빵의 가격을 100원 인상한 1,100원에 판매함으로써 실제로 부가가치세를 지불하는 사람은 빵을 구매하는 소비자이다.

사례 2 : XX 그룹의 S 회장에게 소득세 탈루액에 대한 과징금으로 100억 원이 부과되었다. S 회장은 과징금을 기한 내에 성실히 납부하였다. 그리고 다음 달 XX 그룹의 추석 상여금 100억 원어치가 직원들에게 지급되지 않았다.

사례 3 : 고등학교에 재학 중인 S 군은 방과 후 집에 돌아가는 지하철 탑승료가 부족하여 지하철에 무임승차하였다가 적발되어 역사(驛舍)에 유치되었고, 무임승차에 대한 벌금으로 버스 요금에 30배를 배상하게 되었다. 그 사실을 알게 된 S 군의 아버지가 황급히 역사로 찾아와 아들의 30배 벌금을 대신 납부했다.

사례 4 : 알코올 중독자인 K 씨는 술을 마시고 지나가던 행인과 시비가 붙어 폭행으로 경찰서에 유치되었다. 상대방은 K 씨와 합의하길 원하지 않았고, K 씨의 장성한 아들이 경찰서에 찾아와 거액의 합의금을 K 씨 대신 지불한 후에 경찰서에서 나올 수 있었다.

사례 5 : 평소 아토피성 피부병을 심하게 앓고 있는 K 병장은 군(軍) 내의 생활관에 위생 상태가 불결하다고 여겨 A 상병에게 생활관에 청소를 지시하였다. 청소를 지시받은 A 상병은 개인 물품을 닦고 있던 B 일병에게 생활관 청소를 지시하였다. B 일병은 다시 개인 공부를 하고 있던 C 이병에게 생활관 청소를 지시하였다.

사례 6 : 중세 유럽, 십자군 전쟁에 필요한 군자금을 마련하기 위해, 프랑스의 왕은 프랑스 각지의 제후들에게 전쟁 자금을 추가로 납부할 것을 명했다. 그러자 제후들은 그들에 속한 농노에게 공납금과 소작료를 인상하겠다고 발표하였다.

사례 7 : 같은 업종, 같은 규모의 A 회사와 B 회사가 있다. A 회사는 4대 보험을 보장해주지 않는 대신, 월 급여가 250만 원이고, B 회사는 4대 보험을 보장해주는 대신, 월 급여가 200만 원이다.

사례 1의 부가가치세의 경우에, 법에서 정한 납부 의무자(납세자)와 실제로 세금을 내는 자(담세자)가 다르다. 부가가치세는 이미 물건값에 세금이 반영되어 있어서, 담세자인 소비자가 자신에게 부가가치세가 전가됨을 알 수 있다. 그러나 사례 1을 제외한 나머지 사례는 납세자와 담세자가 불일치한지를 알기 어려운 경우이다.

조세를 포함한 모든 종류의 과료, 과태료, 벌금 등은 법에 정해진 납부 의무자와 실제로 부담하는 자가 다를 수 있다. 그러면 납세자와 담세자가 달라지게 만드는 요인은 무엇일까? 그것은 사회·경제적 힘의 관계이다. 취업이 어렵고 당장 먹고 살길이 막막한 근로자는 고용주보다 협상에 있어서 힘을 발휘하기 어렵다. 그런 상황에서는 낮은 급여나 대우로도 기꺼이 일하려고 할 것인데, 정부가 불평등을 해소한다는 이유로 고용주에게 많은 세금을 부과한다면, 십중팔구는 힘이 부족한 자에게 그 부담이 전가될 확률이 높다. 이것은 고용주와 근로자 간의 관계만이 아니라 대기업과 중소기업의 관계에서도 동일하게 적용될 수 있다. 이러한 논리는 소득세와 같은 조세만 그런 것이 아니라, 사례 7과 같이, 4대 보험과 같은 준조세도 마찬가지로 적용된다. 사용자에게 부과되는 소득세가 근로자에게 전가될 수 있는 것이라면, 마찬가지 논리로 사용자에게 부과되는 준조세 또한 근로자에게 전가될 수 있는 것이다. 보험료의 사용자 납부분도 실제로는 근로자가 납부하는 경우가 많다.

법인세 부과를 예로 들면, 법인세 부과는 우선 ① 법인 내에서 그들 간의 힘의 관계에 따라 부담분이 달라질 것이다. 대개 고용주보다는 근로자가, 근로자 중에서도 정규 근로자보다 비정규 근로자가 세금을 더 많이 부담할 확률이 높다. ② 만약, 이 법인세가 대기업에 부과되었다면, 이것은 일정 부분 대기업으로부터 하도급을 받는 중소기업 등에 전가될 확률이 높다. ③ ①, ②와 같은 전가가 이루어지지 않고, 법인세를 법적으로 납부 의무가 있는 해당 기업이 납부를 한다고 하더라도, 법인세는 법인의 이윤율을 저하하게 되고, 이것은 투자의 감소를 초래하여 상당수의 법인이 해당 사업에서 손을 떼는 현상을 야기할 수 있다. 다른 말로 하면 공급 감소를 초래한다. 공급 감소는 물가상승을 초래하고, 물가상승은 결국 소비자가 비싼 값에 물건을 구매한다는 것이므로, 법인에 부과된 법인세도 결국 소비자가 부담하는 꼴이 된다. 초코파이를 만드는 회사에 100% 법인세를 부과한다면, 이 세상에 아무도 초코파이를 먹지 못할 것이다.

제5절 누진과세의 이상(理想)은 누진세로써 달성될 수 없으며, 수직적 공평성은 거둘 때가 아니라, 줄 때 고려되어야 한다.

따라서 정부가 수직적 공평성을 달성하기 위해, 억만장자인 A에게 초과누진세율로 천문학적인 금액을 과세하고, 가난한 B에게는 한 푼의 세금을 징수하지 않더라도, A가 B에게 조세를 전가할 수 있다면, 정부의 조치는 아무런 의미가 없는 것이 되고 만다. 즉, 누진과세의 이상은 누진세로써 달성되기 어렵다는 의미가 된다.

그렇다면, 누진세율이 적용될 정도로 높은 소득은 어떻게 이루어질까? 첫째, 물려받는 경우가 있다. 부모로부터 건물이나 회사를 물려받아서 본인의 의지나 능력과는 무관하게 초고소득을 누리는 경우가 있다. 둘째, 회사와 같은 법인 기업의 경우는 규모의 경제나 분업·협동의 효율로, 개인의 경우는 타고난 재능과 노력으로 높은 소득을 올리는 경우이다. 특히, 법인의 경우는 100명이 분업하여 만들어낸 수익이 10명이 분업하여 만들어낸 수익에 10배를 곱한 것보다 더 크다. 법인의 규모가 클수록 만들어내는 수익도 크게 된다. 같은 초고소득이라도 첫째와 둘째의 경우는 완전히 그 의미가 다르다. 첫째의 경우는 물려받은 소득으로, 노력 없이 받은 것이고, 사회에 추가적인 이바지를 하는 것이 없다. 그러나 두 번째의 초고소득은, 개인이라면 그의 창의와 재능과 노력을 통하여 만들어내었고, 법인이라면 협동과 분업과 창의와 노력으로 이룬 소득이다. 이러한 활동을 통해 그들의 부가 늘었을 뿐만 아니라, 사회의 부도 늘게 되었다.

두 번째의 경우, 소득에 대한 누진과세가 개인에게 적용된다면, 그가 소질이 있는 분야에 집중하지 못하게 하며, 누진과세가 법인에 적용된다면, 규모의 경제·분업의 효율·협동을 이루는 것을 방해한다. 그(개인 또는 법인)가 잘하는 데에 집중하여 소득을 올린 것에 대해 추가적인 벌(누진세율)을 내리기 때문이다.

그렇다면, 수직적 공평성은 누진세로 이룰 수 없으므로 절대 이룰 수 없는 이상(理想)일까? 나는 이 문제를 기본소득과 같은 이전적 급여로 해결할 수 있다고 본다. 즉, 누진세의 이상은 줄 때 고려하면 된다. 누진세의 이상, 즉, 수직적 공평성은, 거칠게 말하면, 가난하고 힘없는 자가 더 많은 혜택을 보게 하자는 것이다. 그런데, 그 이상(理想)을 거둘 때 이루기 어렵다면 줄 때 더 많이 주면 된다. 일단 거둘 때 간단하게 걷고, 줄 때 고려하면 된다. 약자에 대한 배려는 거둘 때 고려하지 말고 줄 때 고려하여야 한다. 거둘 때 누진세의 형태를 취하게 되면, 경제적 효율성을 저해하고, 총생산이 줄어들고, 조세가 전가되어 하층의 삶이 더 고단해질 수 있다.

부가가치세·소득세·법인세가 생산 활동을 저해하여 총생산을 줄인다는 점은 앞에서 밝혔고, 그중에서도 누진적인 소득세(또는 법인세)는 단순 비례세율을 적용한 소득세보다 생산 활동을 더 심하게 저해하며, 따라서 총생산을 더 많이 줄인다. 따라서 부가가치세·소득세·법인세와 같은 생산 활동을 저해하는 세금을 없애고 이 부분을 ① 전가가 되지 않으면서, ② 경제적 효율성을 침해하지 않고, ③ 공평하며, ④ 조세 구조가 단순한 세금으로 대체할 것을 제안하는 바이다.

제6절 이상적인 조세로서의 토지세[36]

(1) 생산의 3요소

인간이 행한 노력에 대한 과세는 결과적으로 인간의 노력이 이룩한 과실을 빼앗고, 부지런함보다 게으름을 조장한다. 그러나 이러한 질문이 있을 수 있다. 세금을 내려면 소득이 있어야 하고, 소득은 노력에서 나오는데 어떻게 노력에 대한 과세가 없을 수 있느냐고 말이다.

이 세상에는 노력을 통해 소득을 발생시키기도 하지만 노력 없이도 또는 아주 적은 노력만으로도 소득을 – 그것도 엄청난 양의 소득을 – 얻는 경우가 많다. 우리는 그것을 '불로소득'이라 부른다. 노력 없이 얻는 소득에는 어떤 것들이 있을까? 우선, 도박으로 인한 소득을 들 수 있다. 물론, 도박도 그것을 전문적으로 하는 사람에게 있어서는 굉장한 노력이며, 그것을 통해 제대로 된 소득을 얻으려면 엄청난 노력이 필요하다. 그러나 일반적으로 도박은 유흥의 수단일지언정 가치를 창조하는 노력으로 보지 않는다.

경제학적인 의미에서 불로소득이란 사회에 유용한 재화나 용역의 창출에 기여함이 없이, 더 나아가서 인간의 노동이나 자본이 창출한 과실에서 일정한 몫을 취득하는 소득을 불로소득이라 본다. 이러한 소득에 대표적인 것으로 토지에서 비롯되는 '지대(地貸, rent)'를 들 수 있다. 지대(地貸)는 문자 그대로 땅을 사용함으로써 지불해야 하는 대가이다. 그런데 땅은 인간이 만들지 않았고 인간이 태어나기 전부터 존재했다.

경제학적으로 생산된 모든 소득은 토지(자연물)와 노동과 자본의 결합물이다. 물론, 원시인의 생산처럼 때에 따라 자본이 없이 토지(자연

---

36) 이하에서 언급하는 지대에 관한 논의는 리카도(Ricardo, David, 1772~1823)와 헨리 조지(Henry George, 1839~1897)의 이론에 힘입은 바가 크다는 점을 미리 밝힌다.

물)와 노동만으로 생산이 이루어지는 경우가 있으나, 일반적으로 토지와 노동과 자본의 결합으로 생산 활동은 이루어진다. 그리고 생산에 대한 대가로 토지로부터 지대가, 노동으로부터 임금이, 자본으로부터 이자가 도출된다. 이것을 도식하면 다음과 같다.

    생산 = 토지 + 노동 + 자본
    소득 = 지대 + 임금 + 이자

그러나 이 도식에서 주목해야 할 점은, 소득을 구성하는 항목 중에 지대는 뒤의 임금이나 이자가 없다면 존재할 수 없다는 점이다. 즉, 지대는 노동이나 자본이 생산한 것에서 일정 몫을 차지하기만 할 뿐 스스로 경제적으로 무언가를 창출하지는 않는다는 것이다. 혹자는 자본가가 취하는 소득, 대표적으로 이자소득도 불로소득이지 않으냐고 반문할 수 있다. 자본이 무엇이냐에 대해서는 많은 논의가 있으나, 여기서는 논의의 단순화를 위해 '축적된 노동'으로 정의할 것이다. 자본이 이루어지려면 무엇인가 축적돼야 한다. 누군가는 소비의 욕구를 누르고 절제해야 그것이 생성되는 것이다. 그러나 아무거나 절제하고 쌓는 것이 아니라, 노동으로부터 파생되는 과실을 축적하는 것이다. 따라서 자본도 근원을 따지고 들어가면 그 본질은 노동에 있다. 막스 베버(Max Weber, 1864~1920)는 그의 저서 『프로테스탄트 윤리와 자본주의 정신』에서 한 사회에 자본주의가 뿌리를 내리려면 필수적으로 향락, 방탕, 낭비에서 벗어나서 금욕, 절제 등으로 인한 자본의 축적이 있어야 한다고 보았다.[37] 노동이 무엇인가를 생

---

37) 금욕, 절제 등이 자본주의의 물적 토대를 만들었다는 막스 베버의 주장과 앞의 제2편 제1장 제2절에서 언급한 욕구 단계와 국가(또는 문명) 발전의 상관관계를 언급한 부분이 상충하는 것처

산한다는 것은 명백하다. 그러므로 노동의 축적인 자본도 노력의 결과물이고, 그로부터 도출되는 이자도 불로소득이 아니다. 그것은 인간의 부단하고도 인위적인 노력의 산물이다.

그렇다면 지대(地貸, rent)는 어떨까? 앞에서도 언급했듯이, 토지는 인간이 만든 것이 아니므로 지대도 노력의 대가가 아니다. 혹자는 내가 땀 흘려 번 돈으로 땅을 샀고, 땅에 대한 사용료를 받는 것이 왜 노력의 대가가 아니냐고 반문할지도 모르겠다. 그러나 땅에 대한 사용료는 경제학적 의미에서의 생산으로 볼 수 없다. A라는 사람이 그릇 제조공이라 해보자. A가 그릇을 열심히 만들어 판매하여 번 돈은 분명히 경제학적 의미에서의 생산이 맞다. 흙을 빚고 구워서 그릇을 만들기까지 A뿐만 아니라 다른 경제 주체들의 노고가 그릇에 스며들어있다. 여기까지는 A의 노력이 들어간 것이 맞고 이로부터 얻은 소득은 정당한 것이다. A의 노력으로 인해 사회에서는 그릇이 생기게 되었다. 그러나 이렇게 번 돈으로 A가 땅을 사서 땅의 사용료를 받는 것은 이러한 노력이 개입되지 않으며, 그릇과 같은 새로운 가치 있는 것이 생성되지 않는다. A는 그냥 땅을 이용하는 자로부터 수금만 하면 된다. 땅을 사는 돈을 마련하기까지 A의 노력이 들어갔지만, 그 후에 땅을 취득하여 사용료를 받는 것은 땅의 이용자가 주는 돈을 받기만 하면 되는 것이다. 즉, 지대는 일종의 자릿세이며, 점거소득(占據所得)이다.

그러나, 문제는 여기서 그치지 않는다. 앞서 말했던 생산과 소득의 구성 부분에 관한 관계식을 살펴보면, 인간의 노력이 개입된 소

___

럼 보인다. 그러나 금욕, 절제 등을 통해 자본주의의 '물적' 토대를 만들었다는 것과 무엇을 금지하는 것은 의미가 다르다. 금욕, 절제 등을 통해 소비를 줄임으로써 무엇인가를 쌓을 수는 있어도 호기심이나 창의력을 발휘하는 것을 금지하는 사회적 분위기가 조성된다면, 더 이상의 과학·철학·수학·예술 등의 발전이 있을 수 없기 때문이다.

득을 노동과 이자로, 그렇지 않은 부분을 지대로 볼 수 있다. 또한, 이 식을 달리 표현하면 다음과 같다.

소득 – 지대 = 임금 + 이자

이것은 한 사회가 벌어들인 전체 소득에서 지대 소득의 비중이 커질수록 임금 생활자나 이자소득자의 몫이 줄어들게 됨을 의미한다. 이 관계는 폭증하는 임대료 문제, 저임금과 광범위한 실업, 저금리 현상 등을 일관된 논리로 설명해준다. 노동과 자본은 이 사회에 필요한 재화와 서비스를 생산하지만, 지대는 노동과 자본이 생산한 것에 일정 부분을 가져갈 권리만을 갖는다. 노동과 자본이 생산적인 부분이라면 지대는 비생산적인 부분이다. 그런데, 비생산적인 지대의 비중이 커질수록 생산적인 임금과 이자의 몫이 줄어들 수밖에 없다. 따라서, 바람직한 사회라면, 이 불로소득인 지대의 비중을 줄이는데 신경을 쓰는 것은 당연하다. 따라서 지대에 대해서 좀 더 면밀히 검토해 보고 그에 따른 문제점을 해결할 방안에 대해 논의할 필요가 있다.

경제학적으로 지대라는 용어는 크게 두 가지 의미로 사용할 수 있다. 하나는 리카도(David Ricardo, 1772~1823)가 주장한 지대로서 여기서는 이것을 '자연적 지대'로 부르기로 한다. 또 하나는 헨리 조지(Henry George, 1839~1897)가 주장한 지대로서 여기서는 '사회적 지대'로 부를 것이다.

(2) 자연적 지대

자연적 지대란 토지의 자연적 생산성의 차이에 따른 경제적 가치를 말한다. 농사를 짓는 땅을 생각해볼 때, 모든 땅에 씨를 골고루

뿌린다고 해서 수확물의 양과 질이 같은 것이 아니다. 토양의 종류에 따라 수확물의 양과 질이 다르게 나타난다. 어떤 지역의 토지의 등급을 1등급부터 5등급까지 분류하여 1등급의 토지에서 같은 노동력을 투입하여 경작하면 수확량이 50이고, 2등급은 40이며, 3등급은 30, 4등급은 20, 5등급은 10이라고 하자. 그리고 A, B, C, D, E라는 사람이 차례로 이 지역에 정착하며, 이 다섯 사람의 노동 능력은 같고 노력도 똑같은 정도로 하며 이 외에 다른 변수는 없다고 가정한다.

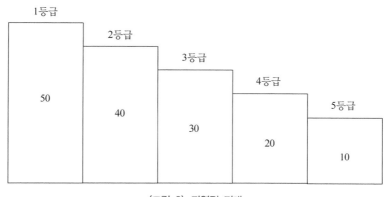

〈그림 2〉 자연적 지대

만약, 이 지역에 사람이 살지 않고 땅에 주인도 없어서 그냥 방치된 상태이고, 먼저 온 A라는 사람은 이 지역의 땅 모두를 자기 것으로 하고 싶으나, 모든 땅을 관리할 능력이 안 돼서 5등급의 토지 중 하나만을 골라야 한다면, A는 5등급의 토지 중에서 가장 질 좋은 토지를 차지할 것이다. 즉, 1등급의 땅을 선점할 것이다. 그 후 B라는 사람이 이 지역에 와서 정착하려면 A가 이미 선점한 1등급의 땅은 가질 수 없고, 2등급에서 5등급의 땅 중 하나를 골라서 가져야 한다. B

가 합리적인 경제인이라면 당연히 2등급의 땅을 고를 것이고, 그곳에서 농사를 짓고 삶을 영위할 것이다. 세 번째로 정착한 C는 선택지가 3등급에서 5등급의 땅 밖에 없는데, C도 합리적 경제인이라면 당연히 3등급의 땅을 고를 것이다. 그 후에 정착한 D나 E도 마찬가지일 것이다.

처음 A가 정착할 때, 그는 어떠한 지대도 지불할 필요가 없다. 왜냐하면, 땅의 주인이 없어서 본인이 원하는 땅을 이용하기만 하면 되기 때문이다. 그러나 그다음 정착하는 B부터는 상황이 달라진다. B는 A보다 늦게 정착했다는 이유만으로 A가 선점한 1등급의 땅을 이용할 수 없고, A가 선점한 1등급의 토지를 이용하려면 1등급 토지와 2등급 토지와의 차이인 10만큼의 지대를 A에게 지불해야 한다. 왜냐하면, B의 입장에서 A가 선점한 1등급의 토지를 이용하지 않고 2등급의 토지를 이용하여 수확할 수 있는 양인 40과 A의 토지를 이용하여 50의 수확을 하고 지대로 10을 준 후의 수확량은 40이므로 수확량이 결과적으로 같기 때문이다. 만약, B가 A에게 지불해야 하는 지대가 10보다 많다면 B는 A가 선점한 1등급 토지를 이용하지 않고 2등급 토지를 이용할 것이며, B가 A에게 지불해야 하는 지대가 10보다 적다면 A는 본인의 토지를 B에게 임대하지 않고 본인이 직접 땅을 운영하여 50의 수확물을 거둘 것이기 때문에, B가 A에게 지불해야 하는 지대는 10으로 수렴할 것이다.

그 후에 C가 이 지역에 정착하면 지대의 변화는 어떻게 될까? 일단, C는 B의 토지를 이용하려면 - B가 A에게 그러했던 것처럼 - B에게 10의 지대를 지불해야 한다. B는 자기보다 늦게 정착한 C가 오자 지대를 얻을 수 있는 상황이 되었다. 즉, 2등급 토지에 10의 지대가 생긴 것이다. 그렇다면, A의 지대는 어떻게 변할 것인가? A의 지대는 10에서 20으로 증가하게 된다. 기존의 B는 A에게 10 이상의 지대를 지불하지 않을 것이지만, C는 - A의 토지를 이용하고자 한다면 - 1등급 토지와 3등급 토지의 생산성의 차이인 20만큼의 지대를 위에서와 같은 논리로 인해 지불할 것이다. 그런데 A의 입장에서는 10의 지대를 지불하려는 B와 20의 지대를 지불하려는 C가 있는 경우에 당연히 C에게 20의 지대를 받고 1등급 토지를 임대할 것이다. 20에 공급하는 사람과 20에 필요로 하는 사람이 있으므로 시장 임대료는 20으로 형성된 것이다. 이 경우 B는 굳이 10 이상인 20의 지대를 주고 1등급 토지를 이용하려 하지 않을 것이다. 나머지 D나 E가 새로 정착해도 같은 과정으로 지대가 형성되지 않던 토지에서는 지대가 형성되고 기존에 지대가 존재했던 토지에서는 지대가 증가하게 된다. 여기서도 알 수 있는 사실은, A가 가장 좋은 땅을 가질 수 있는 정당한 권리의 근거란 그의 노력이 아니며 단순히 그가 좋은 땅을 먼저 발견했다는 사실일 뿐이다. 즉, 선착순의 논리가 적용된 것일 뿐이다.

자연적 지대가 시사하는 바는 토지에 대한 수요가 많을수록 그에 따른 지대가 증가함을 보여줄 뿐만 아니라, 토지의 생산성이 감소함을 보여준다. 따라서 맬서스나 리카도 같은 학자들은 인구가 증가할수록 지대가 오르고 생산성이 떨어지므로 적절한 인구 관리가 필요하다고 보았다. 그러나, ① 인구가 증가할수록 농업뿐만 아니라, 제조업이나 기타 산업에서 규모의 경제·협동·분업의 효율이 높아져서 생산성이 비약적으로 증가한다는 사실, ② 토지의 생산성은 항상 고정된 것이 아니라 변동되어 토지의 등급도 계속해서 변한다는 사실을 간과하였다. 작년의 1등급의 토지가 올해나 다음 해에도 1등급의 토지이리라는 보장은 없다. 토지의 지력(地力)은 쓰면 쓸수록 줄어들기 때문이다. 또한, 윤작이나 각종 비료 기술의 발달은 토지의 자연적 생산력의 비중을 거의 무의미하게 만들었다. 따라서, 자연적 지대의 이론을 현대에 그대로 적용하는 것은 무리가 있고, 지대의 일반적인 원리나 법칙을 도출하는 데 쓰이는 도구로써 유용할 수 있다고 하겠다.

(3) 사회적 지대

비록, 자연적 지대이론이 이론적으로 허점을 내포하고 있기는 하지만, 지대가 증가하는 현상을 보여주는 모형으로는 적합한 것이다. 자연적 지대이론에서 설명한 모형을 자연이 아닌 인간 '사회'에 적용되는 모형으로 바꿔서 설명하면 사회적 지대를 설명하는 훌륭한 도구가 된다. 인간은 사회를 만들고 활동하면서 문명이라는 것을 발전시켜나간다. 이 과정에서 지리적 위치에 따라 사회적 가치도 달라지는데, 이 사회적 가치를 증가시키는 것을 사회적 생산력이라고 할 수 있다.

어떤 사람이 빵 가게를 차린다고 생각해보자. 이 빵은 자연(토지)에서 밀을 얻어 그 밀을 가루로 만들고, 다시 그 가루를 빵이라는 형태로 재가공한다. 빵을 팔아 돈을 벌려면 빵을 많이 만들어야 하고, 빵을 많이 만들려면 빵의 재료가 되는 밀의 생산량을 증가시키는 것이 필요하다. 그리고 빵 생산량의 증가에는 인간의 노력도 필요하지만, 토지의 자연적 생산력의 역할이 중요하다. 그러나 이렇게 빵을 만들 때까지는 토지의 자연적 생산력이 중요하지만, 이것을 팔아서 돈을 벌 때는 자연적 생산력만으로는 부족하다. 팔아서 이익을 얼마나 거둘지는 가게의 위치에 따라 달라진다. 만약, 이 빵 가게를 사람이 아무도 살지 않는 해안가나 산속에서 개점했다고 하면, 이 가게의 빵이 아무리 맛있고, 가게 주인이 성실해도 전혀 팔리지 않을 확률이 높다. 빵 가게가 위치한 곳이 작물이 잘 자라는, 즉, 자연적 생산력이 높은 토지라 할지라도, 가게의 위치가 사람들이 모이지 않는 곳이라면 사회적 가치를 얻는 데는 적절한 곳이 되지 못한다. 즉, 토지의 자연적 가치가 높아도 사회적 가치는 전혀 없을 수 있는 것이다. 이 빵 가게를 도시로부터 멀리 떨어지고 사람들이 모이지 않는 해안가나 오지가 아니라 서울이나 뉴욕의 한복판 같은 곳에 개점한다면, 전자인 해안가나 오지에서 개점한 것과는 비교도 할 수 없을 정도로 높은 이익을 거둘 것이다.

이러한 논리는 비단 빵과 같은 물건을 만들어 파는 경우뿐만 아니라 다른 여러 가지 경우로 확장하여 생각해볼 수 있다. 인간이 살아가면서 필요한 것 중의 하나가 안전에 대한 욕구 충족, 즉, 치안이다. 그런데 인간의 안전은 어느 곳에서 가장 잘 보장 받을까? 사람이 아무도 살지 않는 무인도나 외진 곳에서는 안전을 보장받기 어렵다. 혼자서는 각종 범죄에 대처하기도 어렵고 경찰에 도움을 요청해도 주변에 그러한 시설이 잘 갖추어져 있지 않은 경우가 많다. 그러나 대도시의 경우는 사정이 다르다. 일단 잘 갖추어진 경찰 시스템은 차치하더라도 많은 인구만으로도 그 자체로 범죄에 대한 훌륭한 감시자들이 된다. 인구가 밀집되어 있고 경찰서나 소방서 등이 잘 갖추어진 곳에서는 단지 그곳에 사는 것만으로도 그렇지 않은 곳에서 사는 것보다 큰 이익을 누리는 것이다.

그렇다면, 정부의 각종 기관은 어디에 있을까? 정부의 각종 기관 또한 수도를 중심으로 한 도심의 한 가운데 있으며, 반대로 정부의 각종 기관이 있는 곳에 도심이 형성되고 도심 중에서도 중심지가 된다. 버스나 지하철, 철도와 같은 대중교통 시설은 어디에 가장 잘 갖추어져 있을까? 당연히 인구가 많은 도심에 가장 잘 갖추어져 있다. 사람이 없고 한적한 곳에서는 이러한 인프라를 구축해도 수익성이 없고 사회적으로도 바람직하지 않기 때문이다.

교육은 어떨까? 유명한 학원가나 대학은 어디에 있을까? 대치동 같은 교육 특화 지역을 언급하지 않더라도, 인구가 많고 교육에 대한 수요가 높은 곳에서 교육산업도 융성하게 된다. 당연히 이러한 지역은 인구가 많은 도심지역이다.

이러한 곳의 임대료나 땅값은 도시 외곽의 한적한 곳보다 매우 높은 것은 당연하다. 그렇다면 이렇게 이루어진 임대료나 땅의 가치는 누구에게 귀속되어야 마땅할까?

주식회사가 회사의 주주들에게 배당하는 경우를 생각해보자. 주주의 자금으로 인하여 회사가 안정적으로 운영되고, 안정적인 운영에 힘입어 회사의 이익이 증가하고, 그로 인해 주주가 그 회사로부터 배당금을 받거나 주가의 상승으로 인한 이득을 얻는 것은 당연하다. 회사의 성장에 그들의 자금이 기여했기 때문이다. 그것은 주주가 투자한 돈이 그 회사의 운영을 위해 쓰이는 인과관계가 명확하므로 그로부터 발생하는 이익도 투자자가 갖는 것은 합당하다.

A라는 사람이 아무도 거들떠보지 않는 황무지를 헐값에 사서 아무 이용도 하지 않은 채 보유만 하고 있었다. 그런데 갑자기 정부가 국토 균형 발전을 위해 신도시 건설을 기획하고 정부 기관을 A가 보유하는 황무지에 새로 짓는다고 해보자. A가 소유한 땅값은 천정부지로 치솟기 시작한다. 이 과정에서 A는 어떠한 노력을 하였는가? 무엇을 기획하였는가? 문자 그대로 아무것도 하지 않았다. 그러나 새로운 도시 건설을 위한 비용과 정부 기관 건설을 위한 비용은 어디에서 나오

는가? 두말할 것도 없이 국민의 세금이다. 국민의 세금으로 A가 보유한 땅에 정부 기관을 건설하였지만, 땅값 상승분에 대한 과실은 국민이 아닌 A가 가져가는 것이다. A가 보유한 토지는 자연적 지대 부분에서 언급한 등급으로 표현한다면, 5등급 토지에서 1등급 토지로 등급이 상승한 것이다. 그러나 그 상승에 대한 노력이나 비용을 A가 하거나 지불하지 않았고, 국민의 세금으로 운영되는 정부가 한 것이다. 노력과 비용을 투입한 자와 그로 인한 수익자가 일치하지 않는 것이다.

이러한 논리는 정부가 주도하여 정부 기관을 건설하거나 철도나 지하철을 건설하는 것에만 국한되지 않는다. 강남이나 목동과 같은 교육으로 유명한 지역의 학군이 높게 평가받는 것은 무엇에 기인한 것일까? 그것은 그 지역에 사는 사회·경제적으로 유복한 계층 등의 결집으로 인한 긍정적 외부 효과, 교육에 열정적인 학부모, 우수한 학생과 유명 강사 등의 유입으로 인한 여러 사회적 요인이 작용한 결과이다. 이러한 요인들로 인해 그 지역의 땅값은 오르지만, 그 땅을 소유한 개인이 그러한 가치 상승에 전적으로 기여한 것은 아니다. 이러한 지역에 전혀 거주하지 않고 자녀도 없으며 투기 목적으로 보유만 하는 사람도 땅을 처분할 때는 이러한 가치가 반영된 비싼 가격에 팔아 그 이익을 가져간다. 설령, 그 땅의 소유자가 그곳에서 학교와 학원에 다니는 학생을 둔 학부모라 할지라도 그 학부모 개인 혼자서 그 모든 여건을 조성한 것은 아니다.

앞에서도 언급했듯이, 지대는 일종의 자릿세이고, 점거소득(占據所得)이며, 선착순의 논리가 적용된 결과일 뿐이다. 토지의 가치를 자연적 가치와 사회적 가치로 나누어서 볼 때, 토지의 자연적 가치는 인간이 만든 것이 아닌 자연이 만든 것이고, 사회적 가치는 사회 구성원 모두가 만든 것이므로 그것에서 나온 이익을 누릴 권리가 사회 구성원 모두에게 있다.

토지를 사회적 가치로 등급을 나누어 1~5등급으로 재분류해보자. 1등급 토지를 서울의 강남이나 홍대와 같은 번화가로 정의해도 좋고, 청와대나 국회와 같은 국가 기관들이 있는 곳으로 정의해도 좋고, 지하철역이나 철도역이 놓여있는 곳으로 보아도 좋다. 이러한 논리를 확장하면 5등급 토지는 사람이 아무도 살지 않고 아무런 사회적 인프라도 깔리지 않는 곳이 된다.

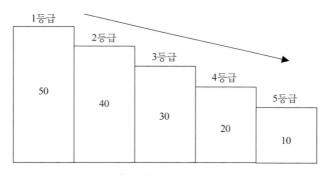

〈그림 3〉 사회적 지대

앞의 예에서 땅값의 의도치 않은 엄청난 상승으로 인한 불로소득의 위력을 실감한 A는 본인의 막대한 재력을 바탕으로 또다시 땅을 사들이기 시작한다. 아직 가치가 낮지만, 장래에 오를 가능성이 있는 곳의 땅을 미리 사들인 것이다. 이것을 우리는 투기라 부르며, 거품이라 부른다. 토지에 대한 투기가 발생한다는 것은 〈그림 3〉에서 화살표 방향으로 나아가는 것을 의미한다. 그런데 화살표 방향으로 나아가면 아직 지대가 형성되지 않은 곳에서도 지대가 형성되며 쓰이지 않고 가치가

별로인 땅에서도 지대가 형성된다. 그런데 '소득 - 지대 = 임금 + 이자'의 관계가 성립하므로 불필요하게 상승한 지대는 현재의 경제가 감당하기 어려운 저임금·저금리, 실업 등의 문제를 유발할 수 있다.

이 관계를 좀 더 명확히 인식하기 위해 예를 들면 다음과 같다. 만약, 한 국가의 개발 가능한 땅이 <그림 3>과 같이 있고 사회의 총생산 중에서 노동(임금)과 자본(이자)이 차지하는 몫은 같다고 가정하자. 국가 발달 수준이 초기 단계여서 1~5등급의 모든 토지를 개발하지 못하고 1등급의 토지만 개발한다면, 이 사회의 총생산(소득)은 50이고 지대는 없으며 임금과 이자는 각각 25일 것이다. 이 관계를 수식으로 표현하면 '50(소득) = 0(지대) + 25(임금) + 25(이자)'와 같다. 사회가 발달하여 1등급의 지역에서만이 아니라 2등급 지역까지 개발이 확장되면, 사회의 총생산(소득)은 90(50+40)으로 증가할 것이고, 이때 비로소 1등급 지역에 지대가 생기고 그 값은 10일 것이며 임금과 이자는 각각 40일 것이다. 이 관계를 수식으로 표현하면 '90(소득) = 10(지대) + 40(임금) + 40(이자)'과 같다. 개발이 3등급 지역으로까지 확장되면 총생산(소득)은 120(50+40+30)이고 지대는 30(1등급 20, 2등급 10)으로 증가하며 임금과 이자는 각각 45일 것이다. 이 관계를 수식으로 표현하면 '120(소득) = 30(지대) + 45(임금) + 45(이자)'와 같다. 이처럼 개발이 진행될수록 임금과 이자도 증가하지만, 임금과 이자를 줄이는 부분인 지대도 함께 증가한다. 그런데, 아직 개발이 초기 단계여서 1등급 지역에만 개발이 이루어지고 있는데, A가 개발이 예상되는 2등급의 땅을 미리 사들여서 값을 높인다고 해보자. 1등급 땅에서만 개발이 이루어지면 '50(소득) = 0(지대) + 25(임금) + 25(이자)'의 관계가 성립하여 지대 없이 생산의 모든 몫을 임금과 이자가 가져가지만, A의 투기가 행해지면 즉각 10의 지대가 발생하여 '50(소득) = 10(지대) + 20(임금) + 20(이자)'의 관계가 이루어지게 된다. A의 투기로 인하여 25였던 임금과 이자의 몫이 20으로 줄게 된 것이다. A가 투기를 여기서 멈추지 않고 3등급 이하의 토지까지 확장한다면, 지대는 더 늘고 임금과 이자는 더 줄 것이다.

지대가 사회 구성원 모두의 것이며, 생산 활동에 대한 과세가 저임금이나 실업을 유발한다면, 당연히 후자에 대한 과세를 줄이거나 없애고 전자에 대한 과세를 늘리는 방향으로 조세제도는 개혁되어야 한다. 더 나아가, 기본소득의 재원이 소득세나 법인세와 같은 생산 활동에 대한 과세로부터 나온다면, 특정 집단(생산 활동을 하는 집단)이 만든 자원을 그것을 만드는 데 기여하지 않는 집단(불로소득 집단)에 나눠주는 것이기 때문에 공평이나 정의의 관점에서 문제가 있을 수 있다. 토지에 대한 가치는 개인 부(富)가 아닌 사회 부(富)이므로 이것을 모두에게 그들의 정당한 몫인 기본소득으로 나눠주겠다는 것은 정당하지만, 본질에서 모두의 몫이 될 수 없는 부분을 강제로 뺏어서 그렇지 않은 사람에게 나눠주는 것은 똑같은 기본소득처럼 보일지라도 출발선이 다른 것이다. 이러한 관계에 대한 이해를 돕기 위해 부연하여 설명하면, 회사의 주주가 회사로부터 배당을 받는 관계를 '회사-주주-배당'의 도식으로 표현할 수 있다면, 사회 부(富)인 토지 가치로부터 기본소득(사회배당)을 받는 관계를 '국가-국민-기본소득'으로 표현할 수 있다.

혹자는 생산 활동에 대한 갖가지 조세를 폐지하고 토지세로 단순화하면 세수에 결손이 생길 수 있다고 우려한다. 그러나 생산 활동에 대한 과세는 당연히 생산 활동을 위축시키고 그 사회의 생산물을 줄인다. 그러나 그 사회의 지대는 그렇지 않다. 생산 활동에 대한 과세가 줄어들어 생산물이 늘고 경제가 활성화되면, 지대는 당연히 오르게 된다. 지대가 오르면 토지세의 세수도 당연히 오르게 된다.

설령, 세수가 더 필요한 상황이 발생해도 토지세를 더 거둘지언정 다른 생산 활동에 대한 세목을 신설하는 것은 바람직하지 않다. 생산 활동에 대한 금지와 토지 사용에 대한 금지는 본질에서 사회·경제적인 충격의 정도와 내용이 다르기 때문이다. 전자는 "부지런히 일하고 창의와 지혜를 발휘하여 사회에 필요한 재화·용역을 생산한 자는 그에 대한 벌로 일정한 금액을 내야 한다."와 같은 의미로 근면과 활동을 저해하지만, 후자는 "토지를 사용하는 자는 그에 대한 벌로 일정한 금액을 내야 한다."라는 의미로 토지를 필요한 만큼만 사용하게 하고, 토지에 대한 투기를 근본적으로 막기 때문이다.

더 나아가, 자본이 이동 가능한 개방경제를 고려해보면, 자국 토지의 가치가 투기나 거품 등으로 인하여 정상적인 정도보다 지나치게 높게 되면, 상대적으로 토지 가치가 저렴한 외국으로 국내 기업들이 이동할 확률이 있다. 부지 매입이나 임대료에 지나치게 큰 비용을 투입하게 되면 보다 생산적인 곳에 자금이 쓰이기 어렵기 때문이다. 반대로 국내의 토지 가치가 다른 나라들보다 저렴하다면 해외의 기업들이 국내로 진입할 가능성이 크다. 이것은 최저임금 인상으로 인해 기업이 인건비가 저렴한 해외로 자국의 공장을 이전하는 현상과 궤를 같이한다.

따라서 법인세·소득세·부가가치세 등 생산 활동에 대한 과세를 줄이거나 없애고 토지세의 비중을 높여서 토지 가치에 대한 거품을 줄이면 해외 기업의 국내로의 진입을 촉진하게 된다. 특히, 법인세 등 생산 활동에 대한 세금이 그들이 딛고 있는 건물 부지에 대한 세금보다 월등히 많은 기업은 국내로 이주하는 것을 더욱 고려할 것이다. 어마어마한 법인세 등을 내는 대신 토지세만 내면 되기 때문이다. 극단적으로 세계에 유수의 기업들이 그들의 본사를 한국의 도시 외곽에 이전하면, 세금 부담은 그들이 종전에 내던 것에 비해 거의 없다고 보아도 무방하다.

그러나 토지세, 특히 토지보유세는 앞에서 언급한 경제적 측면에서의 이익 외에도 사회적 측면에서도 긍정적 효과를 기대할 수 있다. 언론 매체에서 흔히 접할 수 있는 용어 중에 님비(Not In My Back Yard)와 핌피(Please In My Front Yard)라는 용어가 있다. 님비 현상은 주로 쓰레기 소각장, 공동묘지, 방사능 폐기장, 송전탑, 유류저장소 등과 같은 혐오 시설이 자신들의 거주지에 들어서는 것을 반대하는 현상을 말하고, 핌피 현상은 지하철역, 기차역, 병원, 버스터미널 등 자신들의 지역에 도움이 되는 시설이나 기관들이 들어서기를 바라는 현상을 말한다. 하지만, 님비나 핌피나 모두 지역이기주의의 한 형태라는 것에는 차이가 없다. 이것은 나라나 시대를 불문하고 항상 존재하는 것인데, 기존에는 이에 대한 특별한 대책이 별로 없었다. 이러한 지역 이기주의적 현상은 토지세의 도입으로 어느 정도 완만히 해결할 수 있다고 본다.

토지세는 토지의 자연적 가치뿐만 아니라 사회적 가치 등을 모두 반영해서 지역별로 차등한 세금을 부과하는 것이다. 만약, A 지역에 혐오 시설이 들어서면 A 지역 토지의 가치는 떨어질 것이고, 그에 따라 A 지역에 사는 사람들이 내야 할 토지세도 떨어지게 된다. B 지역에 사회간접자본시설이 들어서면 B 지역 토지의 가치는 오르게 되고, 그에 따라 B 지역에 사는 사람들이 내야 할 토지세도 오르게 된다. 따라서 혐오 시설이 들어서든 사회간접자본시설이 들어서든지 토지세가 그것에 맞추어 내리고 오름으로써 개인이 누리는 효용 수준을 평균으로 수렴하게 만든다. 따라서 정부 입장에서도 정책을 이해관계에 얽매이지 않고, 공정하고 효율적으로 집행할 수 있게 된다.

(4) 조세원칙에 따른 검토

이제 토지세를 제2절에서 언급한 이상적인 조세가 갖추어야 할 요건에 비추어 검토해 보자. 첫째, 조세가 경제적 효율성을 저해하는가이다. 앞에서 언급했던 부가가치세는 물가를 올리고 공급을 줄여서 정상적인 시장 상황에서의 공급량보다 적게 만드는 작용을 하고, 소득세·법인세 등의 경우 생산 활동에 대한 제약을 가함으로써 역시 정상적인 시장 상황에서의 공급량보다 적게 만든다. 그러나 토지세는 시장 중립적이다. 시장 중립적이라는 말을 토지와 연관을 지어 설명하면, 토지는 그 양이 고정적이어서 토지에 과세해도 그 양이 변하지 않음을 의미한다. 인간의 문명과 기술이 오랜 시간을 거쳐 꾸준히 발달했음에도 토지의 면적, 더 나아가 지구의 총량은 변하지 않았다. 제빵회사가 만든 빵에 부가가치세를 매기면 시중에 유통되는 빵의 양이 줄고 그 가격이 오른다. 그러나 대한민국 땅에 과세했다고 해서 대한민국 면적이 주는 것이 아니다.

또한, 토지세는 토지에만 과세하고, 그 이외의 부분에는 과세하지 않겠다는 것인데, 이것은 토지 위의 그 어떠한 개량(improvements)에도 간섭하지 않음을 의미한다. 이 세상의 생산은 결국 토지 위에 무엇인가를 개량하는 것으로 나무를 다듬고, 곡식을 심고 가꾸고, 건물을 짓는 등의 행위로 간주할 수 있다. 물론, 토지와 큰 상관없이 글을 쓴다든가 아이디어를 구상하는 창작행위도 넓은 의미의 생산 활동이다.

토지세는 이들 행위를 통해 이익을 얻는 것에는 과세하지 않는다.

둘째, 조세 부담의 공평성 문제이다. 앞에서 공평성을 측정하는 방법에는 생산요소별로 파악하는 방법, 편익원칙에 따른 방법, 능력원칙에 따른 방법이 있음을 설명하였다. 일단, 사회 모두의 것인 토지 가치에서 공공의 수입을 거두는 것이 그렇지 않은 노동이나 자본으로부터 수입을 거두는 것보다 공평한 것임을 이미 설명하였으므로 생산요소별로 공평성을 파악하는 작업은 불필요하다. 그렇다면, 남은 문제는 토지세가 편익원칙과 능력원칙에 따른 공평성을 충족시키는가이다.

결론부터 말하면 토지세는 편익원칙과 능력원칙에 충실한 과세체계이다. 앞에서 님비와 핌피 현상을 설명하면서 혐오 시설이 들어선 지역의 토지세는 낮아지고, 편의 시설이 들어선 지역의 토지세는 오른다고 설명하였다. 즉, 본인의 노력과 상관없는 요소로 인해 누리는 편익의 크기에 따라 내야 할 세금의 크기가 달라지므로 토지세는 편익원칙에 충실한 과세체계라고 할 수 있다.

능력원칙에 따른 공평성에는 수직적 공평성과 수평적 공평성이 있다. 수직적 공평성의 측면에서 공평도를 측정하는 방법으로 자산을 기준으로 하는 것과 소득을 기준으로 하는 것이 있다. 토지세의 과세 대상은 토지라는 자산이므로 자산을 기준으로 공평성을 측정하는 것이 합리적이다. 토지세는 토지를 소유한 사람에게 과세하고 그렇지 못한 사람에게는 과세하지 않으므로 자산을 가진 자에게 과세하고 그렇지 못한 자에게는 과세하지 않는 것이다. 더 나아가, 토지를 소유한 자 중에서도 넓은 토지를 사용하는가 좁은 토지를 사용하는가, 번화한 곳의 토지를 사용하는가 후미진 곳의 토지를 사용하는가에 따라 토지세의 액수가 달라진다. 일반적으로 10㎡ 면적의 토지에서 나오는 곡식의 양보다 100㎡ 면적의 토지에서 나오는 곡식의 양이 더 많고, 10㎡ 면적의 매장보다 100㎡ 면적의 매장의 판매량이 더 높을 것이다. 따라서 토지 면적에 비례해서 과세하면 수직적 공평성에 충실한 과세라 볼 수 있다. 또한, 같은 면적이라도 번화한 곳이냐 그렇지 못한 곳이냐에 따라 토지세의 액수가 달라진다. 이 점에서 살펴보면 토지세는 수직적 공평성을 충족한다.

수평적 공평성의 측면에서 토지세를 살펴보면 토지세는 사람을 기준으로 과세하는 것(인세)이 아닌 토지라는 물건을 기준으로 과세(물세)한다. 따라서 사람에 따른 차별이 있을 수 없다. 같은 지역의 같은 면적의 토지를 소유한 자들은 동일한 금액의 토지세를 부담하게 된다. 따라서 수평적 공평성을 만족한다.

셋째, 조세 구조가 단순한가의 문제이다. 이것은 제3절에서 설명하였듯이, 굳이 어려운 이론을 거론하지 않더라도 부가가치세·소득세·법인세 등보다 토지세의 조세 구조가 월등히 단순하며 경제적임을 알 수 있다. 예를 들어, 소득세의 과세 대상은 소득이 있는 개인이다. 무수한 사람들의 소득을 일일이 계산하여 과세하는데, 부가가치세·소득세·법인세는 원칙적으로 신고과세 체제이다. 즉, 국세청이 A라는 사람에게 과세하기 위해 국세청이 직접 A를 추적하여 A의 소득이 얼마인지를 계산하는 것이 아니라 납세 의무가 있는 A가 직접 본인의 소득을 계산하여 국세청에 알리고 납부하여야 하는 것이다. 물론, 이 과정에서 소득 누락이나 탈세 등이 발생할 위험성이 상존한다. 징세 당국에서는 많은 세무 행정 인력이 필요하다.

그러나 토지는 사람이 숨기거나 없앨 수 없다. 따라서 소득·재산 누락이나 탈세의 위험이 없으며, 공정하고 객관적인 평가가 가능하다. 그리고 현행 재산세에서도 알 수 있듯이 신고과세가 아닌 부과과세이다. 납세자 입장에서 복잡한 계산 과정이 필요하지 않고, 납부 고지서에 적힌 금액대로 내기만 하면 된다. 또한, 징세 당국에서도 많은 세무 행정 인력이 필요하지 않다.

소득·재산의 누락이나 탈세의 위험성, 징세 과정에서 소요되는 비용 등을 비교하면 토지세가 부가가치세·소득세·법인세 등의 생산 활동 등에 대한 조세보다 더 우월함을 알 수 있다.

(5) 토지세의 구현 방식

토지세가 이상적인 조세라는 것은 위에서 이미 충분히 설명하였다. 그러나 토지세를 어떠한 방식으로 거두느냐에 따라서 같은 토지세라도 그것이 드러나는 효과는 천차만별이다. 제3절에 부가가치세를 논한 부분에서 보유세와 거래세의 차이와 특징에 관해 설명한 바 있다. 토지가 다른 재화와 달리 공공성이 강한 재화임에는 분명하나, 토지도 시장에서 거래되는 재화라는 점에서는 다른 재화와 차이가 없기 때문에, 그 설명은 토지에 관해서도 유효하다.

토지에 관한 보유세는 토지를 보유하는 사실에 근거하여 과세하기 때문에, 납세자로 하여금 보유를 가급적 회피하거나 최소화하게 만든다. 토지를 보유하지 않으면 세금을 납부하지 않아도 되기 때문이다. 따라서 보유세가 강화되면 일반적으로 토지 시장에 매물이 나오게 된다. 즉, 공급이 늘어나는 것이다.

토지에 관한 거래세는 토지를 거래할 때, 토지를 사거나 팔 때 세금이 부과되는 것이다. 따라서 토지를 팔지 않고 갖고 있으면 세금을 내지 않아도 되므로 토지의 거래가 줄어드는 효과가 있다. 따라서 공급이 줄어들게 된다. 이러한 효과를 재화가 물이 얼어붙은 것처럼 흐르지 않는다고 하여 '동결효과(lock-in effect)'라고 부른다는 것은 앞에서 설명하였다.

따라서 투기를 억제하고, 쓰지 않을 땅을 처분하여 생산적으로 쓸 사람으로 하여금 쓰게 만들려면, 양도소득세와 같이 토지를 팔아서 이익이 있을 때 과세하는 방식보다는 보유세 방식이 더 효과적이다.

또한, 보유세는 물세와 인세, 단일 비례세율과 누진세율 중에서 물세와 단일 비례세율의 모습을 갖는 것이 바람직하다고 생각한다. 보유세가 인세와 누진세율의 구조를 갖게 되면, 종합부동산세 위헌 결정(세대별 합산 위헌, 1주택자에 대한 종합부동산세 부과 위헌)에서도 보이듯이, 여러 가지 법리적·사회적인 이유로 시행에 난항을 겪을 위험성이 있다.

따라서, 토지보유세는 일단 물세의 형태로 걷고, 기본소득을 국민에게 지급할 때 개인의 사정을 고려하는 것이 바람직하다고 생각한다. 거둘 때 개인별 사정을 고려하여 여러 가지 예외 규정을 두게 되면, ① 세제가 복잡해지고, ② 세제가 복잡해지면 탈세가 용이해지고, 납세협력비용·징세비용이 과다해진다. ③ 탈세가 용이해지고 납세협력비용·징세비용이 과다해지면, 투명성에 의문이 제기됨과 동시에 여러 사회·경제적 주체 간에 조세 형평성에 문제가 생기게 된다. ④ 조세 형평성에 문제가 생기게 되면, 조세저항이 심해지며, 종합부동산세 위헌 결정의 사례처럼 신설된 조세가 좌초될 위기에 처할 수 있다. 우리의 현행 법체계는 세금을 부과하는 것과 같은 침익적 입법·행정에는 더 엄한 잣대를 대고, 국민에게 혜택을 주는 수익적 행정에는 상대적으로 더 관대하다. 따라서 보유세로 지대를 거둘 때, 물세와 단일 비례세율로 최대한 단순하고 신속하고 정확하게 거두고, 그렇게 거둔 세금을 기본소득 등으로 나눠줄 때 개인의 사정을 고려하는 것이 이러한 문제를 해결하는 합당한 방법이라고 본다.

혹시, 이러한 의문이 생길지도 모르겠다. "모든 토지를 대상으로 보유세를 부과하면 조세의 효율성과 공평성을 충족시킬 수 있을지도 모른다. 그러나 은퇴한 노인과 같이 일정한 소득이 없는 사람이 어떻게 일정 주기로 꼬박꼬박 보유세를 납부할 수 있겠는가?" 그러나 토지 보유세와 같은 명시적인 보유세가 존재하지 않는다고 해서 우리가 현재 보유세를 내지 않는 것이 아니라는 점을 생각해보아야 한다. 음식, 옷, 안경, 영화 관람, 자동차, 주택 거래 등 일상적으로 우리가 누리는 재화와 용역에는 면세되는 부분을 제외하고 부가가치세, 개별소비세, 법인세, 소득세와 같은 갖가지 세금이 따라붙는다. 사람은 결코 숨만 쉬며 살아갈 수 없다. 우리 몸의 수분은 땀이나 대·소변 등으로 계속 **빠져나가기** 때문에, 반드시 수분을 보충해야 하며, 하루라도 굶으면 제대로 된 생활을 할 수 없다. 작년에 산 옷도 시간이 지나면 헐어서 새 옷을 사야 한다. 사람의 생활 수준이나 기호(嗜好)도 시시각각 변하기 때문에 그에 따른 재화와 용역도 새로 구매해야 한다. 이러한 소비는 소득의 유무와 관계없이 사람이라면 피할 수 없는 것이다. 일정한 소득이 없는 사람도 이러한 기초적인 소비를 피할 수 없다면, 실제로 이미 우리는 보유세를 내며 사는 것이다. 나의 주장은 이러한 일상적인 재화와 용역에 대한 세금을 없애거나 줄이고 그 부분을 토지에 대한 보유세로 대체하자는 것이다. 이렇게 함으로써 생산 활동에 대한 부담을 줄이고 토지 거품을 줄여서 건전한 경제 생태계를 조성하자는 것이다.

제7절 토지세 외의 추가적인 재정 충당

앞에서, 나는 세금의 성격은 벌금(형벌)이라고 말했다. 따라서 조세가 사회의 부당한 행위에 대한 징벌의 성격을 갖는다면, 정당한 조세로 평가할 수 있는 것이다. 바람직한 조세가 무엇인지에 대한 논의는 오랜 세월에 걸쳐 나라를 다스리는 자라면 누구나 한 고민이었다. 옛날 춘추시대에 제(齊)나라 환공(桓公)을 도와 제나라를 부강한 나라로 만든 관중(管仲)이라는 사람이 있었다. 관중은 재상으로서 제나라의 제도·군사·경제 등 모든 영역에서 큰 변화를 일으켰다. 그의 사상과 통치술을 담았다고 여겨지는 『관자』라는 책에는 환공과 관중이 세금에 관해 나눈 다음의 대화가 수록되어 있다.[38]

> 환공 : 돈대臺와 성벽雉에 과세하려는데, 어떻습니까?
> 관중 : 이는 돈대와 성벽을 허무는 것입니다.
> 환공 : 나무에 과세하는 것은 어떻습니까?
> 관중 : 이는 나무를 베는 것입니다.
> 환공 : 가축들에 과세하는 것은 어떻습니까?
> 관중 : 이는 가축을 죽이는 것입니다.
> 환공 : 사람에 과세하는 것은 어떻습니까?
> 관중 : 이는 인구를 줄이는 것입니다.[39]
> 환공 : 그럼 나는 무엇으로 나라를 다스릴 수 있습니까?
> 관중 : 오직 산과 바다를 잘 관리해야 합니다.

---

38) 桓公問於管子曰 吾慾藉於臺雉, 何如 管子對曰 此毁成也 吾欲藉於樹木 管子對曰 此伐生也 吾欲藉於六畜 管子對曰 此殺生也 吾欲藉於人, 何如 管子對曰 此隱情也 桓公曰 然則吾何以爲國 管子對曰 唯官山海爲可耳. 『관자(管子)』 「해왕(海王)」

39) 원문은 此隱情也인데, 여기서 情을 어떻게 이해하느냐에 따라 두 가지 해석이 가능하다고 본다. 첫째는 情을 欲情(욕정)으로 보아서 욕정을 억제하다. 즉, 욕정을 억제하여 인구가 감소하는 것으로 이해하는 것이다. 둘째는 情을 事情(사정)으로 보아서 사정(情)을 숨기다(隱). 즉, 인구 조사 시, 가족 관계 등을 숨겨서 탈세하는 것이다. 두 가지 모두 세금을 걷는 국가 입장에서는 인구가 줄어 세수가 줄어드는 결과를 초래한다.

이 대화에는 바람직한 세금 제도가 무엇인지에 대한 핵심이 담겨 있다. 생산 활동에 대한 과세를 금하고, 인간이 만들어내지 않았고 만들 수도 없는 것, 즉, 자연물을 국가가 관리하여 국가의 재정으로 활용하는 것이다. 토지는 이 자연물의 일부에 지나지 않고, 토지뿐만 아니라 강, 바다, 공기, 태양, 풍력 등 모든 자연물이 관리의 대상에 포함된다. 따라서 공기와 같이 모두가 공유할 수밖에 없고, 이것 없이는 살 수 없는 것을 오염시키는 것은 공공에 해를 끼치는 것이므로 이에 대한 벌금은 정당하다고 볼 수 있다. 이러한 벌금에 대표적인 것으로는 담배소비세나 유류·탄소세와 같은 교정적 조세가 있다.

또한, 토지, 물, 공기와 같은 자연물이 아니더라도 사회를 유지하기 위한 기본적 질서를 어지럽혀서 공공에 피해를 준 행위에 대한 벌금도 기본소득의 재원이 되기에 충분하다. 각종 벌금 및 과료·과태료 등이 이에 해당한다.

환경오염과 같이 자연물을 더럽히는 것이든, 범죄와 같이 사회 안전을 위협하는 것이든, 위에서 언급한 재원은 공공 일반에 피해를 주는 계층으로부터 걷어서 다시 공공 일반에 그 피해를 보상해주는 것이라고 볼 수 있다. 물론, A라는 사람이 담배를 피우면 옆에 있는 B라는 사람이 그 피해를 가장 많이 볼 것이나, 이런 식으로 흡연 행위와 그에 따른 피해의 인과관계를 정확히 확정하여 보상하는 것은 거의 불가능에 가깝다. 만약, 피해 행위와 피해를 본 자 간의 인과관계를 정확히 파악하여 보상해준다면 이것은 개별적 보상이 된다. 그러나 이러한 개별적 보상이 불가능하므로 국가가 개입하여 일반적 보상을 해주어야 할 필요성이 있는 것이다.

제3편

차선책으로서의 주택배당

이제까지 최저임금과 기본소득 간의 차이, 기본소득을 시행하기에 앞서 필요한 조세제도의 개혁 등을 살펴보았다. 그러나 이런 의문이 들 수 있다. 최저임금의 폐해도 이미 알고 있고, 기본소득을 전 국민에게 지급하고 싶지만, 그럴 만한 재원이 없으며, 아직 국민적 정서가 빈부와 상관없이 돈을 주는 것에는 거부감이 있으므로, 전 국민에게 기본소득을 지급하는 것은 이론과 논리를 떠나서 국민적 정서에 맞지 않는다고 주장할 수 있다. 이러한 주장을 나는 고루하다고 매도할 생각이 없으며, 당연히 품을 수 있는 생각이라고 본다. 아무리 이론적으로 완벽한 정책이라도 그것이 국민적 정서에 반할 때는 잠시 우회로를 택하거나 다른 방식의 응용을 도모하는 것도 정책 입안자가 가져야 할 태도일 수 있다.

　기본소득이 개인이 사회에 대해 갖는 당연한 권리이며, 약자에 대한 배려는 거둘 때가 아니라 줄 때 고려되어야 할지라도, 재원 마련이라는 장벽에 부딪히면, 이에 대한 논의는 자취를 감추고 만다. 2020년 기준 대한민국의 총인구수가 약 5,178만 명이고 연령에 상관없이 전 국민에게 월 20만 원, 연간 240만 원을 지급한다면, 약 124.3

조 원이 소요된다. 그런데 2020년 기준 국가 총수입이 연 481.8조 원이고, 총지출은 연 512.3조 원인데, 보건·복지·고용에 지출되는 돈은 연 180.5조 원이다. 결국, 기존 보건·복지·고용 및 다른 분야의 기금을 건드리지 않고, 이같이 하려면 기존 보건·복지·고용에 지출되는 돈에 약 70% 정도의 추가적인 재원이 더 필요하다. 따라서 기본소득을 주장하는 사람 중에는 이러한 난점을 피하려고 기존에 중복되는 국민연금·직역연금·고용보험·기초연금 등의 사회보험을 기본소득으로 통합하려 한다. 물론, 나도 이러한 주장에 동의한다. 그러나 아무리 기존의 중복되는 제도와 통폐합하더라도 막대한 양의 재원이 소요되고, 추가적인 재원 마련을 위해 추가적인 증세가 있을 수밖에 없는 상황이다. 이런 상황에서 단지 기본소득의 지급을 위해 추가적인 증세를 하고, 더군다나 그 증세가 토지보유세와 같은 형식이 아니라 소득세나 법인세의 형식으로 이루어진다면, 좋은 것을 위해 안 좋은 것을 다시 만드는 것밖에는 되지 않는다.

따라서 당장 조세제도의 개혁이 어렵고 기본소득의 전면적 시행도 어렵다면, 무조건 원칙만을 고수할 것이 아니라, 과도기적으로 차선의 대안을 고려하는 것도 필요하다. 차선의 대안이란 다음을 고려해야 한다고 본다. 첫째, 전 국민에게 지급하는 것이 불가능하다면 경제적으로 약자에게 차별적으로 지급해야 하고, 둘째, 조세 정책적 목표와 부합하는 것이어야 한다.

첫째와 관련하여 경제적 약자를 가르는 기준에는 크게 소득과 자산으로 구분할 수 있다. 그러나 제2편 제1장 제5절에 기본소득과 사회보험 간의 관계를 설명하는 부분에서 언급했듯이, 정액 급여를 개인의 소득과 연계시키면 그에게 추가적 소득세를 부과하는 것과 같아서 생산 의욕에 부정적 영향을 미친다. 더욱이, 자산 불평등, 그중에서도 토지 불로소득이 갈수록 심화하고 있다는 점을 고려하면 자산을 기준으로 빈부를 나누는 것이 바람직하다고 본다. 둘째와 관련하여 이러한 지급이 조세제도의 개혁 방향, 즉, 토지보유세의 비중을 늘리고 생산 활동에 세금을 줄이는 방향과 궤를 같이하는 것이어야 한다.

이러한 관점으로 주택배당이라는 제도를 생각해볼 수 있다. 다음은 대한민국에 무주택자의 추정 숫자이다.

전국 가구원 수별 무주택가구 수

	2019년					
	총계	1인	2인	3인	4인	5인 이상
전국	8,886,922	4,349,428	2,104,646	1,303,488	877,447	251,913

출처 : 통계청, 「주택 소유 통계」

이 자료를 바탕으로 배당을 받을 무주택자들의 수를 계산해보면, 4,349,428 + 2,104,646 × 2인 + 1,303,488 × 3인 + 877,447 × 4인 + 251,913 × 5인 ≒ 17,238,537명으로 추산된다. 이 인원에 월 20만 원, 연간 240만 원을 지급하면 연간 총 41.4조 원 정도가 소요될 것으로 보인다. 주택배당은 주민등록상의 세대를 기준으로 세대원 중의 한 명이라도 주택을 소유하면 지급되지 않는다. 주택배당의 장점은 다음과 같다.

① 빈부에 상관없이 지급하는 것은 자칫 국민적 감정에 반할 수 있는데, 그러한 비판을 피할 수 있다.

② 집을 소유한 사람들에게 간접적으로 보유세를 부과한 것과 같고, 그로 인해 무주택자들이 무리해서 집을 구매할 필요를 적게 하여, 수요 측면에서 집값 상승 문제를 완화할 수 있다. 주택을 소유하게 되면 이 배당을 받지 못하게 되므로, 아직 주택을 소유하지 못한 자는 주택 구매를 망설일 것이고, 이미 주택을 소유한 자는 필요 이상으로 주택을 많이 갖고 있거나 비싼 집에 산다면 처분을 고려할 것이다. 즉, 주택배당이 주택을 소유한 것에 대한 기회비용이 되는 셈이다.

토지와 같이 감가상각 되어 없어지지 않고, 영구히 지속하는 자산의 가격을 결정하는 방법으로 크게 비교, 원가, 수익의 방법이 있다. 여기서는 설명의 편의상 수익 방식으로 주택배당이 어떻게 집값 안정에 기여하는지 살펴보고자 한다. 만약, 이자율은 r이고, 현시점에서 어떤 토지를 구매하여 1년 뒤부터 매년 A 원의 임대료를 동일하게 얻을 수 있다고 하자. 토지의 가격은 토지를 보유함으로써 얻을 수 있는 임대료 수입의 현재가치와 같으므로 다음과 같이 계산된다.

$$\text{토지 가격} = \frac{A}{(1+r)} + \frac{A}{(1+r)^2} + \frac{A}{(1+r)^3} + \cdots$$
$$= \frac{A}{r}$$

만약, 매년 받을 것으로 기대되는 임대료 A 원이 세금이나 기타 비용 증가로 C 원만큼 감소하게 되면 토지 가격은 $\frac{A-C}{r}$와 같이 줄어든다. 주택도 토지와 건물의 결합이고, 감가상각 되기는 하지만 결국에는 다시 지으므로, 편의상 영구히 지속한다고 가정하고 토지와 같이 취급하자. 어떤 주택이 이자율 10%, 월 60만 원, 연 720만 원의 이익을 얻을 수 있으면, 이 주택의 가격은 위의 수식에 의하면 $\frac{720만\ 원}{0.1}$=7,200만 원이 된다. 그런데 주택을 소유한 자는 정부에서 주는 주택배당을 받지 못한다. 즉, 주택배당은 집을 소유한 사람에게는 기회비용이다. 주택배당이 1인당 월 20만 원, 연 240만 원이라고 하자. 이 집의 가구원이 1명이라면 기회비용은 월 20만 원, 연 240만 원이고, 이 집의 가구원이 5명이라면 기회비용은 월 100만 원, 연 1,200만 원이 된다. 편의상 이 집에 가구원이 1명이라면 주택배당을 고려한 주택가격은 $\frac{720만\ 원 - 240만\ 원}{0.1}$=4,800만 원이 된다.

토지에 대한 보유세를 제대로 부과할 수 없고, 생산 활동에 대한 과세가 압도적으로 많은 상황에서 주택(자연적으로 토지 부분에 대한 과세가 이루어짐)이라는 자산을 기준으로 지급에 조건을 부여하는 것은 간접적으로 자산에 보유세를 부과하는 것과 같다. 즉, 이미 기존의 조세제도가 불합리하여 불평등 구조가 심각한 상황에서 모두에게 차별 없이 지급하는 것은 평등을 강화하는 것이 아니며, 오히려 다른 면에서 차별적 조치가 있어야 기존의 차별을 완화할 수 있다. 한쪽으로 기울어진 시소에 똑같은 중량의 물체를 올려 봤자 기울어진 시소를 평등하게 만들 수 없고, 반드시 가벼워서 위로 올라간 부분에 더 무거운 물체를 올려놓아야 시소가 평평해지는 것과 같은 이치이다. 토지를 가지지 못한 자에게 배당을 주는 토지배당 같은 제도도 생각해 볼 수 있으나, 불합리한 세제와 폭증하는 임대료의 압박에서 벗어나기 위해 과도한 대출을 받아서 본인의 상가 용지를 구매한 경우도 있을 것이다. 이런 상황에서 단순히 토지를 취득했다 하여 수당 지급을 하지 않고 불이익을 주는 것은 적절하지 못한 측면이 있다고 본다.

　따라서 주택배당은 기본소득과 달리 지급에 조건을 부여함으로써 사회·경제적 목적을 달성하는데 용이하다. 만약, 전 국민이 무주택자라면 주택배당은 기본소득과 같이 전 국민에게 지급된다. 기본소득은 전 국민에게 조건 없이 지급되기 때문에 특정한 사회·경제적 목적을 달성하는 데 효과가 거의 없는 반면, 주택배당은 주택 수요 감소로 인한 투기 완화라는 목적을 달성하는 데 효과가 있다.

　③ 종합부동산세의 사례에서 보았듯이, 새로운 세제를 창설하는 것은 국가의 침익적 활동으로 조세저항을 유발할 수 있고, 때에 따라 헌법 재판을 받게 되어 위헌이나 헌법불합치로 인해 개혁이 좌절될 가능성이 있다. 그러나 걷는 것이 아닌 지급하는 것은 침익적 활동이 아니라 수익적 활동이므로 이러한 위험을 우회적으로 피할 수 있다. 물론, 헌법상의 평등권 조항 등의 문제가 있을 수 있으나 '재산이 없는 자들에게 지급'하는 것이어서 기존의 복지제도의 이상과 부합하므로 위헌적 요소는 거의 없다고 볼 수 있다.

　④ 지급기준이 소득이 아니라 자산이므로 개인의 생산 활동 의욕에 저해되는 요소가 없다. 기본소득이 사회보험보다 좋은 점은 지급기준이 소득과는 무관하기 때문에 생산 활동에 대한 의욕을 꺾지 않는 것이었다. 주택배당은 기본소득과 달리 차별적으로 지급하는 것은 맞지만, 그 기준이 소득이 아닌 자산이므로 생산 활동에 지장을 주지 않는 것이다. 또한, 피케티가 지적하였듯이 자산소득이 노동소득을 월등히 앞서는 상황에서 자산을 기준으로 지급 여부를 결정하는 것은 그 의미가 매우 크다고 하겠다.

　⑤ 공공임대주택이나 신혼부부를 위한 주택 공급 정책 등은 일정

한 조건을 갖추어야만 입주할 수 있고, 그 혜택을 받는 대상도 소수이며 제한적이다. 그러나 주택배당은 무주택가구에 모두 지급하므로 혜택을 받는 대상이 다수이며 차별의 문제가 없다. 더 나아가, 고시원·오피스텔 등에 거주하는 사람들도 혜택을 보게 된다. 특히, 갓 결혼했거나 부모에게서 독립하여 주거 문제를 겪는 신혼부부나 청년에게 유리하다.

⑥ 월 20만 원, 연 240만 원을 기준으로 비교하면, 전 국민 기본소득이 연 124.3조 원 정도 들고, 무주택자에게만 지급되는 주택배당은 연 41.4조 원 정도 소요된다. 따라서 주택배당은 기본소득보다 재정적 부담이 적고, 기존의 중복되고 비효율적인 보건·복지·고용 및 주택정책에 쓰이는 기금 등을 간소화하면 추가적 증세가 거의 필요하지 않다.

마치며

현재 우리는 경제적으로는 평등하지 않지만, 적어도 정치적으로는 평등한(1인 1표) 세상에 살고 있다. 또한, 태어나면서 갖는 직위나 계급은 인정되지 않으며, 종교에 따라 차별대우를 받지 않고 각자가 원하는 삶을 누릴 자유와 권리를 갖고 태어난다. 이 당연한 권리가 불과 1~2세기 전만 해도 당연한 것이 아니었다. 이 당연한 것이 당연한 것이 될 수 있었던 이유는 사람들의 더 나은 삶을 위한 이상(理想)과 투쟁이 있었기에 가능한 것이었다.

왜 현재 시점에서 기본소득에 대해 논하는가? 이 질문에 대해 나는 법적·형식적 자유와 권리가 아닌 실질적 자유와 권리를 보장하기 위함이라고 답할 것이다. 만약, 어떤 사람이 법적·정치적으로 투표권을 갖는다고 해도, 그가 생계의 위협을 받아 새벽부터 일터에 가서 늦은 밤이 되어서야 돌아올 수 있어서, 좋은 후보자를 고르고 투표할 시간적·정신적 여유가 없다면, 그에게는 실질적으로 투표권이 주어지지 않은 것이나 마찬가지일 것이다. 사람이라면 조건 없이 생존과 자유가 보장되어야 한다는 생각은 지나치게 이상적이고 잘못된 생각일까? 경제적 효율성과 공평성은 항상 서로 충돌하고, 타협점은 찾을 수 없는 것일까? 글을 쓰면서 이러한 의문들이 머릿속을 맴돌았다.

마지막으로 하고 싶은 말은, 이 책은 기본소득에 관한 논의의 종착점이 아니라 출발점에 불과하다는 것이다. 당연한 말이지만, 이런 말을 하는 이유는, 기본소득제를 제대로 시행한 나라가 아직 없고, 기본소득제를 시행함에 있어 통일된 관점이 존재하지 않기 때문이다. 예를 들어, 기본소득에 관한 논의 중에 가장 첨예한 부분이 '증세' 영역이다. 그러나 이 책은 단순한 증세의 문제를 논하지 않고 '과세 방식'을 문제 삼고 있다. 즉, 기본소득을 위한 재원 마련을 위하여 단순히 "더 많이 세금을 걷자"가 아닌 "어떤 방식의 세금으로 거둘 것인가"의 문제에 초점을 맞추고 있다. 과세 방식 면에서 추가로 설명하면, 기존의 기본소득 주창자들은 소득세나 법인세에서 추가로 과세하는 방식의 증세를 주장하지만(일부 토지세를 병용해서 기본소득의 재원으로 삼자는 주장이 있으나, 여전히 재원의 중심은 소득세나 법인세 방식이다), 이 책에서는 그것의 전면 폐지와 토지세, 탄소세와 같은 공해세, 범죄 수익 환수 등으로 재원을 조달해야 함을 역설하고 있다. 또한, 이 책은 기본소득제를 큰 정부가 아닌 작은 정부의 관점과 연결 지어 정부 규모의 축소 및 간소화를 주장하고, 그렇게 줄어든 정부의 영역을 민간으로 이전해야 함을 주장하고 있는데, 이는 기본소득을 복지국가의 일환으로 보아 큰 정부를 고수하는 입장과는 다르다. 최저임금에 관한 태도에서도 이러한 주장과 이 책에서의 주장은 차이점을 보인다. 따라서 아직 가야 할 길이 먼 것이다. 이 책이 기본소득, 더 나아가 어떻게 해야 살기 좋은 세상을 만들 수 있는지에 대한 논의에 조금이나마 보탬이 될 수 있다면, 저자인 나로서는 무한한 영광일 것이다.

성덕량 ——————————————————————————————

　고려대학교 사회학과를 졸업하고 정책연구소인 재단법인 혁신과미래연구원에서 정책연구원으로 근무하였다. 현재는 강의와 저술 활동에 힘쓰고 있다.

최저임금 말고
기본
소득

초판인쇄　2021년 4월 29일
초판발행　2021년 4월 29일

지은이　성덕량
펴낸이　채종준
펴낸곳　한국학술정보㈜
주소　경기도 파주시 회동길 230(문발동)
전화　031) 908-3181(대표)
팩스　031) 908-3189
홈페이지　http://ebook.kstudy.com
전자우편　출판사업부　publish@kstudy.com
등록　제일산-115호(2000. 6. 19)

ISBN　979-11-6603-404-6　03330